GOLYGON

I Jac Jones

*am ei gyfeillgarwch, ei gefnogaeth,
ac am awgrymu y dylwn i sgwennu colofn.*

GOLYGON

MANON STEFFAN ROS

Diolch i bawb yng nghylchgrawn *Golwg*, yn enwedig Siân Sutton; i bawb yn y Lolfa, yn enwedig Alun Jones, Meinir Wyn Edwards a Lefi Gruffudd; i Gyngor Llyfrau Cymru, yn enwedig Huw Meirion Edwards; i Enid Jones am awgrymu enw'r gyfrol; i Emyr Young am lun y clawr; ac i Efan a Ger am eu caredigrwydd a'u hamynedd.

Argraffiad cyntaf: 2017

© Hawlfraint Manon Steffan Ros a'r Lolfa Cyf., 2017

Dymuna'r cyhoeddwyr gydnabod cymorth ariannol Cyngor Llyfrau Cymru

Llun y clawr: Emyr Young
Cynllun y clawr: Y Lolfa

Rhif Llyfr Rhyngwladol: 978 1 78461 408 9

Cyhoeddwyd, rhwymwyd ac argraffwyd yng Nghymru gan Y Lolfa Cyf., Talybont, Ceredigion SY24 5HE
gwefan www.ylolfa.com
e-bost ylolfa@ylolfa.com
ffôn 01970 832 304
ffacs 832 782

CYNNWYS

CYFLWYNIAD

Prin yw'r ysgrifenwyr sy'n gallu dal sylw'r darllenydd o'r geiriau cyntaf, sy'n gallu taro nodyn perthnasol a chyflwyno neges gynnil mewn colofn fer a gwneud hynny'n gyson o wythnos i wythnos.

Felly, pan awgrymodd Manon Steffan Ros y gallai gyfrannu darn o lên micro i'r cylchgrawn *Golwg* roedd y ddwy ohonom yn mentro, heb sicrwydd, y byddai'n cael ei gynnal o wythnos i wythnos, heb sôn am barhau o flwyddyn i flwyddyn.

Ond ers y golofn gyntaf honno am stormydd Aberystwyth ym mis Ionawr 2014, mae'r colofnau wedi taro deuddeg. Ers hynny mae'r ysgrif wythnosol wedi ymateb i ddigwyddiadau a straeon mawr a bach y dydd, gan eu gwneud yn berthnasol i bawb.

Y ganmoliaeth fwyaf i unrhyw golofnydd yw bod pobol, wrth agor y cylchgrawn, yn troi at y dudalen honno yn gyntaf – ac wedyn bod y geiriau a'r neges yn aros yn y cof. Mae hynny wedi digwydd, gyda darllenwyr yn troi'n ôl at y geiriau am ysbrydoliaeth ac yn eu defnyddio ar gyfer darnau i'w perfformio ar lwyfan.

Mae'r gyfrol *Golygon* hefyd yn brawf o lwyddiant y colofnau i roi tair blynedd o hanes Cymru ar gof a chadw wrth ymateb i ddigwyddiadau mawr yng Nghymru a'r byd, ond hefyd i drafod pethau bach bob dydd.

Mae'r wir grefft yn symlrwydd a threiddgarwch y dweud, sy'n cyfleu neges gref mewn cyn lleied o eiriau. Mae'n cynnig golwg newydd, unigryw ar faterion cyfoes a'u heffaith ar bob un ohonom. Does dim byd ystrydebol yn perthyn i'r ysgrifennu cynnil ond, yn hytrach, wreiddioldeb ac anwyldeb a dealltwriaeth ddofn o bobol a'u perthynas â'i gilydd.

Mae'r gyfrol wedi'i rhannu'n adrannau sy'n sôn am ddigwyddiadau'r tair blynedd ddiwethaf – stormydd mawr Aberystwyth, ymosodiadau brawychol, Brexit, ethol Donald Trump a llwyddiant tîm pêl-droed Cymru yn Ewro 2016. Mae'n sôn am golledion i'r Gymraeg a Chymru ym marwolaeth Gerallt, Gwyn Thomas a Gareth F. Williams, Gary Speed, Irfon Williams, Rhodri Morgan a David Bowie. Mae Manon Steffan Ros yn fodlon wynebu pynciau mawr y dydd – gwleidyddiaeth, yr arweinwyr, mewnfudo, ffoaduriaid, y cynllun dadleuol i godi 8,000 o dai yng Ngwynedd a Môn, canser a chaledi bywyd bob dydd yn yr unfed ganrif ar hugain.

Mae pob un golofn yn berl i'w drysori ac ambell ddarlun, fel hwnnw o'r fam a gollodd ei phlant yn nhrychineb Aber-fan yn 1966, yn aros yn y cof. Mae'r disgrifiad cynnil o'r pethau bach sy'n cael eu gadael ar ôl – y brecwast heb ei orffen, y gŵn nos ar gefn soffa ac 'ar ganol y carped, gorwedda'r brws gwallt, ac edau brau gwalltiau'r ddwy yn clymu rhwng y dannedd' – yn cyfleu profiadau oesol, yn ogystal â'r disgrifiad o'r tawelwch byddarol.

Mae Manon Steffan Ros yn feistres ar ei chrefft. Mae'n dweud pethau mawr mewn ychydig iawn o eiriau ac mae'r straeon bach personol yn ein synnu, ein llawenhau a'n tristáu, ac yn ein deffro i weld bywyd trwy lygaid newydd.

A braint *Golwg* yw cael y cyfle i gyhoeddi'r colofnau yn wythnosol gan gynnig golwg newydd ar y byd.

Siân Sutton
Golygydd cylchgrawn *Golwg*

DIGWYDDIADAU

Trai Aberystwyth

Ionawr 2014

O ganlyniad i gyfuniad peryglus o lanw uchel iawn a gwyntoedd cryfion, cafodd llawer o gartrefi a busnesau Aberystwyth a'r ardal eu heffeithio gan lifogydd wrth i'r môr lifo dros y Prom.

'Dim ond pethe ydyn nhw,' dyna ddywedodd Ioan pan ddaeth pobol y radio i guro ar ei ddrws. 'Mae pawb yn saff, a dyna sy'n bwysig.' Roedd e'n ddigon craff i wybod mai dyna'r cyfan roedden nhw eisiau ei glywed – cywasgu ei stori dorcalonnus i ddwy frawddeg fach grafog. Rhywbeth gobeithiol, rhywbeth positif.

Byddai e wedi hoffi clywed ei hun ar y radio, hefyd, ond roedd yr *hi-fi* yn un peth arall a ddinistriwyd o dan y don. Cariodd y peiriant allan i'r stryd at weddill ei bethau. Safodd yn llwydni'r prynhawn am ychydig er mwyn edrych arnynt.

Y teledu plasma – anrheg Nadolig gan ei dad, yn anarferol o hael o'i gymharu â'r gwin a'r *aftershave* arferol. 'Ti 'di bod yn gwylio'r bocs bach 'na'n rhy hir... O'n i moyn ca'l rhywbeth y byddet ti'n 'i ddefnyddio, t'wel. Wyt ti'n 'i hoffi fe?'

Y silffoedd pren a'r holl DVDs a'r CDs. Faint o oriau roedd Ioan wedi'u treulio yn ymgolli yn straeon y rheiny? Faint o weithiau y buodd e'n chwerthin wrth wylio ffilm neu'n llefen wrth wrando ar CD? Roedd y dŵr hallt wedi treiddio i mewn i'r bocsys; prin ei bod hi'n bosib eu hagor nhw.

Y soffa, a fuodd yn grud iddo ar ambell i noson ar ôl ca'l gormod i'w yfed, neu wedi iddo syrthio i drwmgwsg ynghanol ffilm. Dyna lle bu ef a'i gariad yn gorwedd, ynghlwm yn ei gilydd. Mae'n siŵr mai dyna'r lle mwyaf moethus ar wyneb y ddaear.

Byddai ganddo hiraeth am y staen coch ar fraich y soffa

lle collodd fŷg o Ribena poeth yn ystod penwythnos y ffliw a gafodd ychydig fisoedd ynghynt. Byddai ganddo hiraeth am y carped brown hyll a etifeddodd gan gyn-berchennog y tŷ. Byddai ganddo hyd yn oed hiraeth am yr arogl sigârs a fynnai aros fel ysbryd o gwmpas y gadair freichiau a brynodd am bumpunt mewn sêl cist car.

Diolchodd iddo fod yn gall yn symud y lluniau, y cyfrifiadur a'r gitâr i'r llofft. Roedd y rheiny'n ddigon saff. Ond collodd y pethau yma, geriach na ddylent gario unrhyw ramant na gwerth sentimental. Roedd llanw uchel Aberystwyth wedi poeri dros fanylion ei fywyd, wedi'u dibrisio nhw.

'Dim ond pethe ydyn nhw.'

Ie, dyna oedd y geiriau a ddefnyddiodd pan gafodd y meicroffon ei stwffio o dan ei drwyn. Pethau materol, pethau dibwys. Ond ei bethau e oedden nhw, a hanesyn neu atgof ynghlwm wrth bob un, yn rhan o bapur wal ei feddwl. Pob un peth bach fel petaen nhw'n rhan ohono.

MH370 Kuala Lumpur – Beijing

Mawrth 2014

Diflannodd awyren oedd yn hedfan o Kuala Lumpur i Beijing ym mis Mawrth 2014.

Roedd y ddynes yn y sedd wrth fy ymyl yn gwisgo'i hofn fel côt, yn drwm amdani, yn gwneud sioe fawr o dynnu cefn ei llaw dros ei thalcen llaith, ochneidio'n uchel, ac ysgwyd ei phen. Bob hyn a hyn, codai ar ei thraed, gan edrych i fyny ac i lawr ar hyd yr awyren, fel petai'n chwilio am gliwiau i weld beth a allai fynd o'i le. Oedd unrhyw un yno'n edrych fel terfysgwr?

'Dwi'n casáu hedfan,' meddai wrtha i, a gwên fach betrus ar ei hwyneb, ond wnes i ddim cynnig ateb. Roeddwn i wedi edrych ymlaen at y daith ers wythnosau, ac yn gobeithio nad oedd nadu hon yn mynd i barhau drwy'r daith a chwalu fy mwynhad.

Roeddwn i wrth fy modd. Awyren! Byddwn i'n arfer eu gwylio nhw pan oeddwn i'n hogyn bach, yn croeshoelio'r awyr â'u creithiau gwyn, yn methu'n lân â deall sut roedd cymaint o fetel trwm yn medru trechu disgyrchiant. Doedd o'n gwneud dim synnwyr i mi, yn arwydd hyfryd bod hud a lledrith yn bodoli go iawn.

Wylodd babi bach yn y sedd y tu ôl i mi: gallwn glywed ei fam yn ceisio'i gysuro gyda geiriau tawel a siffrwd addfwyn.

Drwy'r ffenest fach, gallwn weld adain yr awyren, mor llyfn â phluen. Ymhell i lawr, roedd môr o gymylau yn cuddio'r tir, a dim byd ond glesni uwchben, lliw llachar diddiwedd. Oedd unrhyw un arall yn yr awyren yn teimlo'r un fath â fi? Yn dotio at y ffaith ein bod ni, pob un ohonon ni, filltiroedd uwchben y ddaear, yn saff, yn gyffyrddus ac yn hedfan?

'Dwi'n teimlo'n sâl,' meddai'r ddynes yn fy ymyl, gan roi ei phen yn ei dwylo. Llyncais bob sylw brathog yn ôl, er ei bod hi'n dechrau 'nghythruddo i â'i hofn.

'Bydd popeth yn iawn,' cysurais hi, wrth i'r babi ailddechrau sgrechian y tu ôl i ni.

Cododd y ddynes ei phen yn sydyn, a syllu arna i. Roedd hi'n eithriadol o dlws, ei llygaid tywyll yn sgleinio a'i gwallt du mewn plethen flêr, sidanaidd dros un ysgwydd.

'Go iawn?' erfyniodd.

Fedrwn i ddim bod yn ddig wrthi hi wedi i mi sylweddoli ei bod hi mor fregus yn ei hofn.

'Go iawn.' Gwenais arni, a thoddodd ei hwyneb caled

hithau yn wên hyfryd. Tawelodd wylo'r baban bach y tu ôl i ni, ac yn ei le, daeth synau cysurlon y bychan yn sugno llaeth ei fam.

Yn y tawelwch, gwenais ar y glesni drwy'r ffenest. Roeddwn i'n dychwelyd adref.

Cofio D-Day

Mehefin 2014

Ar 6 Mehefin 1944 glaniodd lluoedd y Cynghreiriaid yn Normandi er mwyn rhyddhau Ffrainc o afael Natsïaid yr Almaen.

Bu'r gwleidydd wrthi'n ymarfer.

Rhaid oedd taro'r nodyn cywir ar achlysur o'r fath. Byddai un camgymeriad bach, gwên anghynnil neu ddylyfu gên, yn achosi twrw ar Twitter ac yn colli pleidleisiau.

Edrychodd yn y drych i ymarfer ei wyneb D-Day am y tro olaf cyn camu allan. Crychu mymryn ar y talcen; lledaenu ei lygaid yn fawr; ceg yn syth ac yn syber. Perffaith. Cyfuniad o gydymdeimlad a *gravitas*.

Roedd hi'n gynnes y tu allan a'r ffotograffwyr i gyd mewn crysau-t. Wrth gerdded i'w le ynghanol y gwleidyddion eraill, chymerodd o ddim sylw o sŵn y camerâu yn cofnodi ei gamau trwm – y sŵn gwag yna, fel gwasgu'r glicied ar wn oedd heb ei lwytho. Safodd yn stond, gan nodio'n brudd ar y gwleidydd oedd yn sefyll wrth ei ymyl. Nodiodd hwnnw, ei wyneb yntau yn berffaith ddifrifol ac yn llawn empathi.

Gwyliodd orymdaith o gyn-filwyr. Hen ddynion, ambell un mewn cadeiriau olwyn, a phob un o dan deimlad gan ei ddangos yn ei ffordd unigryw ei hun. Wrth i'r orymdaith basio rhyngddo ef a'r ffotograffwyr, gwasgodd ei wefusau at ei gilydd ac edrych i lawr, fel petai'n trio peidio wylo. Ymatebodd y camerâu gyda chyfres o gliciau gwag. Llyncodd ei falchder. Byddai'r ffotograff yn siŵr o fod yn un da.

Wedi'r orymdaith, bu areithiau. Eisteddodd y cyn-filwyr yn y tu blaen, ac roedd un yn tynnu ei sylw. Hen ŵr bychan main ydoedd a'i wallt ar ei ben yn feddal o liw arian, fel gwe pry cop. Roedd o'n beichio crio. Crynai ei ysgwyddau o ganlyniad i drais ei atgofion, a llifai'r dagrau i sgleinio'r crychau yn ei fochau.

Atgoffwyd y gwleidydd o ddagrau milwr arall, ychydig wythnosau ynghynt. Dyn ifanc oedd newydd ddychwelyd o Irac, wedi'i daro'n fud gan beth bynnag roedd o wedi'i weld. Diolch byth mai y tu ôl i ddrysau caeedig roedd hynny, gan fod gweld milwyr ifanc yn crio yn gyhoeddusrwydd gwael. Ond yr hen rai? Roedd hynny'n iawn. Penderfynodd y gwleidydd y byddai'n trio cael llun ohono ef gyda'r hen ddyn yn ei ddagrau ar ôl y seremoni. Rhoddai ei fraich amdano, gan sibrwd, efallai, 'Thank you' teimladwy yn ei glust. Byddai rhaid iddo sibrwd yn ddigon uchel fel y medrai gweddill y byd ei glywed.

Dydd Gwener Du

Rhagfyr 2014

Ar y pedwerydd dydd Gwener ym mis Tachwedd bydd siopau'n cynnig bargeinion arbennig. Deilliodd yr arferiad o'r Amerig a chaiff y dyddiad ei gydnabod fel cyfnod dechrau siopa at y Nadolig.

'Fel anifeiliaid,' meddai Manon, gan ysgwyd ei phen yn llawn dirmyg. Arhosodd ei llygaid ar brif ddrws yr ysgol, yn aros i'r plant gael eu rhyddhau am y pnawn. 'Welaist ti'r llunia ar y we? Pobol yn cwffio dros laptops ac iPads a ballu!'

Rhoddodd Jên wên dynn, gan weddïo'n dawel y byddai'r plant yn ymddangos o'r ysgol cyn bo hir.

'Fel tasa Dolig yn ddim byd ond presanta. Hen lol Americanaidd ydi'r Black Friday 'ma, beth bynnag. Tasa pawb yn siopa'n lleol, mi fasa'n llawer gwell. Hei, dyma nhw!' Safodd Manon a chroesawu ei phlant i'w breichiau. 'Hwyl i ti, Jên. Wela i di fory.'

Wrth gerdded adref efo'r plant, yn drymlwythog o fagiau, cotiau a phecynnau bwyd gwag, edrychodd Jên ar y genod. Llio yn ymestyn ei bysedd bach pump oed i gyffwrdd yn rheiliau'r ffensys wrth gerdded heibio, a Lea yn canu rhyw garol o dan ei gwynt – eco pnawn o ymarfer y sioe Nadolig.

'Fel anifeiliaid.' Dyna roedd Manon wedi'i ddweud, heb wybod, wrth gwrs, fod Jên ei hun wedi bod yn rhan o'r dyrfa yn y dref ddydd Gwener. Ei bod hi wedi gwneud ei siâr o frysio, gwthio a phrynu, a bod yr atig erbyn hyn yn cuddio Xbox ac iPad yn anrhegion Nadolig i'r plant. Doedd Jên ddim yn falch ohoni ei hun. Byddai wedi hoffi bod y math o fam na fyddai'n poeni dim am yr hyn oedd yn sachau Dolig plant pobol eraill.

Ond doedd ganddi ddim cywilydd chwaith. Dim ildio i ysfa cymdeithas wnaeth Jên ar y dydd Gwener du. Dim ildio i hysbysebion ar y teledu, catalogs lliwgar, a phwysau perffeithrwydd ar ei hysgwyddau blinedig. Yr unig bobol a fyddai'n cwyno am y siopa gwyllt oedd y rhai a fedrai dalu am y nwyddau heb gael *40% off* neu *buy one get one free*. Roedd Jên wedi darllen y colofnau yn y papur newydd, y negeseuon trydar a'r dirmyg ar Facebook. Wedi dioddef ffieidd-dod y dosbarth canol. Ond na, doedd ganddi ddim cywilydd. Byddai ei genod hi'n cael 'run fath â'r plant eraill. Dyna oedd yn bwysig.

Charleston

Mehefin 2015

Mewn oedfa weddi ym Mehefin 2015, lladdwyd 9 o bobol gan ŵr ifanc hiliol, gwyn ei groen yn Charleston, De Carolina wrth iddo eu saethu. Ei fwriad oedd creu gwrthdaro rhwng y du a'r gwyn.

Dydi Olivia ddim yn mynd i'r eglwys mwyach. Pan oedd hi'n fach, byddai ei mam yn ei chodi o gysur ei gwely ar foreau Sul er mwyn ei gwisgo mewn ffrogiau coslyd, rhy dynn, a phlethu ei gwallt mewn plethau bychain, syth i drio dofi'r affro gwyllt. Yna, byddai'r ddwy'n cerdded y ddwy filltir i'r eglwys, yn treulio awr yn addoli, yn canu ac yn atgyfnerthu eu ffydd y byddai'r bywyd yn y byd nesaf yn well na'r un yn y byd hwn.

Erbyn hyn, bydd Olivia yn rhoi ei dyddiau Sul i dendio'r ardd, gwylio ffilmiau, neu goginio prydau mawr, blasus i'w theulu. Mae'r pethau hynny'n rhyw fath o addoliad. Weithiau, pan fydd Olivia yn cofio'r manylion am ei mam – ei dwylo mawr, gofalus, neu'r cerddediad araf, rhythmig – teimla'n euog am nad yw'n mynd i'r eglwys mwyach. Ond bu farw mam Olivia flynyddoedd yn ôl, a hithau'n hen ddynes flinedig yn barod i gwrdd â'r un oedd wedi llenwi ei Suliau. Weithiau, bydd Olivia yn dychmygu ei mam yn y nefoedd, yn eistedd yn y sedd agosaf un at Iesu Grist. Prin iawn fydd Olivia yn dychmygu gweld dyn gwyn yn eistedd wrth ymyl hen ddynes ddu, ac mae'r ddelwedd yn ei chysuro.

Pan glywodd Olivia am y saethu, roedd ar ei gliniau yn chwynnu'r sgwâr bach o lawnt sydd ganddi yn yr ardd gefn. Cafodd y newyddion gan y ddynes drws nesaf dros y ffens, a'r dagrau'n pefrio yn ei llygaid. Diflannodd y gymdoges i'w thŷ i ffonio'i thylwyth, gan adael Olivia yn llygad haul poeth Charleston.

Arhosodd ar ei gliniau, fel petai'n gweddïo. Deuai'r atgofion am yr eglwys yn ôl i'w meddwl – rhesi o wynebau duon, pob un yn sgleinio o chwys ac o'r Ysbryd Glân. Arogl trwm, melys y blodau, a'r gerddoriaeth yn creu rhythm o ryddhad, a hwnnw'n treiddio i grwyn, gwallt ac esgyrn pawb.

Erbyn hyn, mae Olivia'n ddigon hen i adnabod holl ffyrdd y byd, holl arferion y bodau dynol, holl batrymau ei gwlad. Roedd hi wedi rhagweld y byddai rhyw eglwys, neu far, neu ysgol yn dioddef. Wedi dyfalu y byddai llaw wen yn rhywle yn codi arf at yr wynebau duon. Gwyddai Olivia hyn, oherwydd pan fyddai heddwas gwyn yn saethu dyn du heb reswm, a heb dderbyn cosb, byddai rhywrai eraill yn siŵr o ddilyn yr un patrwm. Wrth dynnu'r gwreiddyn olaf o chwyn o'i lawnt, mae lliw ei chroen i'w weld yn drwm ar gorff Olivia.

Je Suis Charlie, Je Suis Ahmed

Ionawr 2015

Slogan yw 'Je Suis Charlie' a fabwysiadwyd gan gefnogwyr y 12 o newyddiadurwyr y cylchgrawn Charlie Hebdo *a saethwyd yn farw ar 7 Ionawr 2015. Credent fod hawl gan bawb i fynegi barn.*

Pnawn dydd Gwener diwethaf, a'r awel yn rhyfeddol o addfwyn, poerodd dyn diarth at fam Malik.

Digwyddodd wrth i'r ddau gerdded adref o'r ysgol. Roedd hi wedi bod yn brynhawn prysur o gliter, glud a chwerthin efo'i ffrindiau bach, a Madame Genson yn canmol y *collage* mawr lliwgar. Pan ddaeth hi'n amser dychwelyd adref, roedd Mam wedi bod yn aros wrth y giât efo gwên lydan ar ei hwyneb tlws.

'Mi awn ni i'r siop ar y ffordd adre,' meddai Mam, gan

lapio'i chledr am ei law fach. 'Rydan ni angen afalau. Ac mi gei di siocled, os lici di.'

Roedd popeth yn berffaith.

Chwarae teg i Mam, wnaeth hi ddim dwrdio na thrio brysio Malik wrth iddo gymryd ei amser i ddewis y siocled iawn iddo fo, er bod y siop yn brysur iawn. Ar ôl iddo benderfynu ar yr un efo bisged a charamel, safodd y ddau yn y ciw gan aros i dalu. Syllai'r papurau newydd arnyn nhw o'r silff.

'Be sydd wedi digwydd?' gofynnodd Malik. Doedd o ddim yn medru darllen, a doedd yr wynebau yn y lluniau ddim yn golygu llawer iddo, ond gwyddai fod rhywbeth mawr wedi digwydd. Bu Mam yn crio wrth wylio'r newyddion, a Dad yn llyncu dagrau wrth ddarllen rhywbeth ar sgrin ei gyfrifiadur.

Penliniodd ei fam wrth ymyl Malik yn y siop. 'Mae 'na ddyn da iawn wedi cael ei saethu. Dyn o'r enw Ahmed. Mwslim, fel ni.'

'Pwy saethodd o?'

'Dau ddyn drwg. Mi saethon nhw lawer o bobol, 'ngwas i.'

'Oeddan nhw'n Fwslemiaid, hefyd?'

Brathodd Mam ei gwefus. 'Nag oedden, dim Mwslemiaid go iawn.'

Ar ôl talu, camodd y ddau allan i'r heulwen. Dyna pryd ymddangosodd y dyn. Dyn smart mewn siwt. Surodd ei wyneb wrth weld Malik a'i fam, a phoerodd un belen berlaidd o boer. Rhewodd Mam heb ddweud gair, heb ddadlau ag o, a heb ffraeo. Safodd yn stond, a'i llaw yn llacio ei gafael yn llaw fach Malik. Diflannodd y dyn i ganol llif y bobol, fel pe na bai dim byd anghyffredin wedi digwydd.

Edrychodd Malik i fyny ar ei fam, ar y poer yn disgleirio ar y sgarff ar ei phen. Ei fam dlos, annwyl, na wnaeth unrhyw ddrwg i neb, yn sibrwd brawddeg nad oedd yn gwneud unrhyw synnwyr i Malik.

'Je suis Charlie. Je suis Ahmed.'

Calon Lân Llangefni

Tachwedd 2015

Yn nhref Llangefni ar 21 Tachwedd 2015, cynhaliodd yr Asgell Dde rali i gondemnio mewnfudwyr. Ond yn llawer amlycach y diwrnod hwnnw roedd gwrth-brotest gan bobol leol yn condemnio'r eithafwyr.

Doedd y lle ddim yn teimlo 'run fath â'r dre rhywsut. Doedd 'na ddim marchnad, ac roedd rhai o'r siopau wedi cau. Roedd Stryd Fawr Llangefni fel tasa disgwyl i rywbeth ofnadwy ddigwydd. Fel tasa pawb wedi cloi eu drysau a chau eu ffenestri cyn i storm fawr gyrraedd.

Geth oedd isio mynd lawr i'r dre – faswn i ddim wedi mynd ar fy mhen fy hun. Roedd Mam wedi deud 'mod i ddim yn cael crwydro lawr i'r dre y diwrnod hwnnw – "cofn bydd 'na drwbl, 'raur, 'lasa hi fynd reit hyll 'na, sti – 'di o'm yn lle i blant' – ond fe ddeudodd Geth bod yn rhaid i ni fynd yno i weld.

'Dre ni ydi Llangefni, yn de? Gynnon ni fwy o hawl i fod lawr stryd na rhein sy'n dŵad i godi twrw.'

Ddaru ni brynu da-da ac ista ar fainc i wylio pobol yn cyrraedd. O'dd 'na ddwy garfan, a doeddan nhw ddim yn sefyll efo'i gilydd.

'Am be ma nhw'n protestio, d'wad?'

'Ma'r dyrfa fawr isio gadael i bobol dramor ddod yma i fyw, a 'di'r lleill – y grŵp bychan – ddim isio.'

Ond wrth wrando'n astud ar be roedd y bobol yn 'i ddeud,

dwi'n meddwl mai pobol o Loegr oedd llawer o'r rhai oedd ddim yn licio'r bobol dramor. Ac ro'n i'n methu dallt pam o'ddan nhw 'di dŵad i Gymru i greu stŵr.

'Pam bo' nhw 'di dŵad i fa'ma, ti'n meddwl?'

Ysgwyd ei ben ddaru Geth, a chnoi ei *sour chews* fel tasa fo'n meddwl am betha mawr. 'Ella bod eu pobol nhw'u hunin ddim yn *keen* yn eu gweld nhw'n protestio, sti.'

Ar ôl 'chydig, roedd y ddau ohonan ni'n bôrd ac yn oer, felly ddaru ni godi a throi am adra. Roeddan ni wedi cyrraedd hanner ffor fyny'r allt pan ddechreuon nhw ganu.

Fedran ni mo'u gweld nhw am ein bod ni wedi troi'r gornel, ond roedd y lleisiau i'w clywed yn glir. Stopiais i a Geth a throi rownd, ac wedyn troi ein hwynebau am i fyny, fel tasa'r lleisiau'n dod o'r nefoedd a ddim o gegau pobol flinedig, oer a chlên ar stryd Llangefni.

'Dwi'n licio geiria "Calon Lân",' medda Geth mewn llais tawelach nag a glywish i rioed ganddo. O'n i'n falch pan ddeudodd o hynna, achos ddaru geiria'r gân wneud i mi sylweddoli pa ochr o'r stryd 'swn i'n sefyll arni, taswn i'n rhan o'r dorf.

30 Mlynedd ers colli'r *Challenger*

Chwefror 2016

Ar 28 Ionawr 1986 ffrwydrodd y llong ofod Challenger *uwchben arfordir Cape Canaveral yn Florida.*

Mam Cadi oedd wedi dechrau'r cyfan, ar drip gwersylla yn yr Alban ddwy flynedd ynghynt. Wrth iddi nosi, aeth Dad ac Ynyr bach, oedd prin yn fwy na babi ar y pryd, i gysgu yn y babell, ond arhosodd Mam a Cadi i weld y glas yn gwaedu o'r nefoedd, a'r sêr bychain yn britho'r dulas uwchben. Edrychai'r nos yn wahanol yma, heb lygredd goleuni stryd, a blanced düwch y nos yn fwy carpiog, gan lewyrchu'r goleuni'n amlycach.

'Oes rhywun rioed wedi twtsh â seren?' gofynnodd Cadi i'w mam bryd hynny.

'Nag o's, bach. Ti'n gweld, peli mowr o dân yw pob seren, tebyg i'r haul, dim ond 'u bod nhw 'mhell i ffwrdd.'

Ceisiodd Cadi ystyried hynny, ond roedd y bydysawd, os oedd y ffaith newydd yma'n wir, yn fwy na'i dychymyg.

'Ond ma cannodd o'nyn nhw!'

'O's, ac o blanede 'fyd – so ni'n gwybod faint o'r rheiny sy'n bod. Ma nhw'n rhy bell i ni aller eu cyrradd nhw.'

Gorweddodd Cadi yn ôl ar y gwair, oedd fymryn yn llaith, a dychmygu'r holl blanedau hyfryd, unig oedd allan yn y gofod. Mewn llong ofod gellid hedfan a hedfan a hedfan a pheidio dod i ben y daith. Doedd dim pen i'r peth.

Ac felly, erbyn Safon 3, er bod ei ffrindiau eisiau bod yn sêr canu pop, eisiau bod ymysg y sêr go iawn roedd Cadi. Gorchuddiwyd ei phapur wal My Little Pony â phosteri o blanedau, a mapiau carpiog clystyrau o sêr. Pan ddaeth y dydd i lansio gwennol ofod *Challenger*, rhuthrodd Cadi adref a'i gosod ei hun o flaen y teledu i gael gwylio'r cyfan ar *Newsround*. Teimlai'r cyffro yn ei stumog wrth i'r siwrne ddechrau, a dywedodd wrth Ynyr, oedd yn chwarae ceir bach, ''Wi'n mynd i fynd ar roced fel 'na rhyw ddiwrnod.'

Pan ffrwydrodd y llong ofod, bron na allai Cadi deimlo gwres y fflamau, a chlywed sŵn metal yn crafu metal. Bron na allai deimlo mor agos oedd y gofod go iawn, a'r gobaith hyfryd o ddiffyg disgyrchiant yn dechrau darfod.

'Paid â meddwl mynd mewn roced fel 'na, Cadi,' meddai Ynyr, a'i lygaid yn dynn ar y sgrin. Gwyddai Cadi wedyn na fyddai byth bythoedd yn mynd y tu hwnt i atmosffer y ddaear, ac mai yn ei dychymyg yn unig y byddai'r planedau pellennig.

Brexit

Mehefin 2016

'Brexit' yw'r term a ddefnyddiwyd adeg refferendwm 2016 gan y rhai oedd yn awyddus i weld gwledydd Prydain yn gadael yr Undeb Ewropeaidd.

Roedd y tywydd wedi colli ei liw – glesni llyfn yr awyr wedi troi'n llwyd tragwyddol a blodau mân yr ardd yn llipa a bratiog oherwydd y glaw di-baid. Setlodd y cymylau ym mhen Karen. Doedd dim byd i'w wneud ar benwythnosau heblaw darllen trwch o bapurau newydd, a gwylio oriau o deledu gwael. Clywsai bob un ddadl o blaid ac yn erbyn yr Undeb Ewropeaidd, ac roedd pwysau'r holl eiriau, yr holl ffraeo, yn drwm ar ei hysgwyddau.

Doedd hi ddim yn hoffi Ewrop, neu efallai nad oedd hi'n teimlo ei bod yn rhan ohoni. Dyna oedd ei rhesymeg – rhywbeth greddfol, rhyw deimlad ym mêr ei hesgyrn. Y môr yna oedd y gwahaniaeth, efallai – y llain o las rhwng Dover a Calais, yn derfyn defnyddiol.

Fyddai hi ddim wedi dweud wrth neb – byddai cyfaddef hynny fel cyfaddef rhywbeth llawer gwaeth, rhywsut. Cariai'r gwir yn gyfrinach y tu mewn iddi, a'r teimlad yn llosgi'n boeth yn ei meddwl. Byddai'n teimlo'n well ar ôl pleidleisio, pan fyddai'r cyfan drosodd.

Ond doedd o ddim mor hawdd â hynny rŵan, meddyliodd Karen wrth wylio'r glaw yn creu map ar ffenest ei llofft. Dim pleidlais yn ymwneud ag Ewrop oedd hi mwyach, a'r geiriau 'Brexit' a 'Remain' wedi tyfu'n symbolau mawr tywyll, yn frwydr rhwng da a drwg. Roedd y peth yn gwbl annheg. Doedd Karen ddim yn hiliol, nac yn casáu unrhyw un, nac yn gwadu cymorth i ffoaduriaid anghenus chwaith. Pleidlais o blaid neu yn erbyn y pethau hynny oedd y refferendwm bellach.

Peidiodd y glaw, ac agorodd Karen y ffenest. Roedd yr ardd yn arogli fel y gwnâi ar ddiwedd haf.

Byddai'n rhaid iddi bleidleisio i aros. Doedd ganddi ddim dewis ac unwaith iddi benderfynu ar hynny, teimlai ychydig yn ysgafnach. Roedd hi am bleidleisio yn erbyn trais ar y strydoedd; yn erbyn gynnau a chyllyll a phlant bach yn gofyn lle roedd Mam. Roedd hi am bleidleisio yn erbyn posteri gwenwynig, hiliol, a'r papurau newydd oedd yn casáu pawb nad oeddent yn Brydeinwyr. Roedd hi am bleidleisio yn erbyn Britain First, y BNP ac UKIP.

Doedd Karen ddim yn hoffi Ewrop. Ond roedd hi'n casáu'r ffordd roedd yr eithafwyr asgell dde wedi cymryd perchnogaeth o'r refferendwm yma. Nhw oedd piau Brexit bellach.

Mentrodd mymryn o las hawlio cornel fechan o'r awyr.

Cymru *v.* Slofacia

Mehefin 2016

Yn Bordeaux ym Mhencampwriaeth Bêl-droed Ewrop ar 11 Mehefin, enillodd Cymru ei gêm agoriadol o ddwy gôl i un.

'Gawn ni fynd i weld y gêm?'

'Na chawn, boi, mae o'n bell i ffwr, sti.'

'Gawn ni wylio hi ar teli, 'ta?'

'Cawn, siŵr.'

Ma Mam yn pwyso draw i roi sws i ben Dad, ac yna mae o'n gwenu yn y ffor drist 'na bydd oedolion yn gwenu weithia.

Ar ddydd Sadwrn ma'r gêm, felly sgin i ddim ysgol a ma Dad yn gorffan yn gynnar. Mae o'n mynd â fi i lawr i Beach Road i gael *chips* cyn y gêm, a 'dan ni'n ista yn y lle chwara i'w bwyta nhw, wrth i'r hen wylanod mawr lygadu ein cinio ni.

'Fa'ma fydda Dad yn dŵad â fi pan o'n i'n fach, sti,' medda Dad. 'I chwara ffwti.'

'Taid?'

'Ia. O'dd o'n deud 'mod i am fod yn seren, ti'n gweld. Fatha Gazza neu Maradona.'

Ac wedyn, ma Dad yn codi ar ei draed ac yn nôl y bêl o'n i 'di dŵad efo fi, a tra dwi'n gorffen 'yn *chips*, mae o'n chwara pêl-droed ar ei ben ei hun bach. 'Sach chi'n meddwl bod hi'n amhosib chwara pêl-droed ar eich pen eich hun, ond dydi hi ddim, dim y ffordd mae Dad yn ei wneud o. Mae o'n gallu gwneud *keepie-uppie* am dri munud, jyst iawn, a gwneud hedars a symud ei draed fatha ffwtbolyrs go iawn. Dwn i'm pwy ddysgodd o i wneud hynna, ond mae o fatha dawnsio, dipyn bach, achos ma'i draed o'n symud cama bach o amgylch y bêl cyn rhoi cic iddi i mewn i'r gôl. Ar ôl iddo fo sgorio yn y gêm fach yma yn erbyn fo'i hun, mae o'n sefyll am hir, yn syllu ar y gôl wag. Does 'na ddim rhwyd i ddal y bêl rhwng y pyst.

'Cym on 'ta, boi,' meddai Dad wrth droi ata i. 'Well i ni ei throi hi, os 'dan ni am ddal y gêm.'

Mae o'n mynd i nôl y bêl, ei rhoi hi o dan ei fraich a'i chario hi adra. Dwi'n ei ddilyn o adra, wrth gwrs. Er, dwi'm yn siŵr sut ma deud y bysa'n well gin i wylio Dad yn chwara gêm ar ei ben ei hun bach ar gae Beach Road na gwatsiad dau dîm ar y teli.

POBOL

Gerallt

Gorffennaf 2014
Gerallt Lloyd Owen 1944–2014

'Rhowch eich llyfrau gadw, Blwyddyn 10.'

Roedd y dosbarth yn wyllt, yn llawn egni diwedd tymor, a gwres clòs canol Gorffennaf yn gwrido'r gruddiau ac yn llyfu'r chwys rhwng cnawd a chotwm. Gwyliodd Eira ei dosbarth Cymraeg yn meddwi ar arogl rhyddid. Mewn deuddydd, byddai chwe wythnos gyfan o ryddid yn eu dwylo nhw.

'Shwsh, rŵan. Gwrandwch. Rydw i am i chi fod yn dawel tra dwi'n darllen cerdd i chi.'

Wrth iddi ddechrau darllen, roedd murmur anniddigrwydd yn dal i'w glywed ymhlith y disgyblion. Ar ôl ychydig linellau, aeth pawb yn fud. Am y tro cyntaf ers iddi gofio, cafodd Eira dawelwch llwyr i ddarllen cerdd i'w dosbarth.

Ar ôl gorffen, ymestynnodd y tawelwch fel atalnod llawn.

'Blwyddyn 10, pam eich bod chi'n dawel?'

Atebodd un o'r genod o gefn y dosbarth. 'Achos y ffor roeddech chi'n ei darllen hi. Fatha bod o...'

'Fatha bod o wedi'i sgwennu i chi,' gorffennodd un o'r hogiau.

Rhoddodd Eira wên drist. 'Ia, 'dach chi'n iawn. Mi gafodd ei sgwennu i mi, ac i chi, ac i bawb. Ni pia'r geiria yma rŵan.'

Petai Eira wedi cael gwneud, byddai wedi dweud mwy. Wedi gwasgu cyfrifoldeb cenedl i feddyliau oedd yn ferw; wedi esbonio ystyr taeogrwydd i blant oedd wedi'u hyfforddi, ers eu babandod, i fod yn daeog. Wedi galaru am lais garw, pwyllog Gerallt, fel llais y graig oedd wedi cynnal y tir erioed. Ac efallai, petai hi wedi bod yn ddigon dewr, y byddai Eira wedi rhannu ei hanobaith am genedl oedd yn dawel, dawel gyffyrddus dan fawd Prydeindod. Byddai wedi dweud bod Cymru'n frith o MBEs ac OBEs a Syrs a Ladies. Bod ein llenorion ni'n mynd am de bach efo'r Cwîn. Be ydach chi'n meddwl ydi ystyr hyn i gyd, Blwyddyn 10? Oes 'na genedl ar ôl yng Nghymru?

'Rydan ni wedi colli un o'n beirdd mwyaf,' meddai Eira, yn teimlo euogrwydd y geiriau yn ddilyw yn ei gwythiennau. 'Ond mae'r cerddi'n dal i gael eu hadrodd. Mae'r geiriau yn fyw o hyd, felly.'

Syllodd y disgyblion arni, wedi'u synnu, efallai, o weld Miss Francis dan deimlad. Cododd Eira'r gyfrol o gerddi yn ei llaw, a'i dangos i'r genhedlaeth nesaf.

Calan Aberstalwm

Ionawr 2015
Alun Sbardun Huws 1948–2014

'Dach chi'n dal i gerdded efo fi.

Tydi'r rhew ddim yn cael cyfle i ddadmer, ac mae arna i ofn llithro. Dydw i ddim isio llithro – byddai disgyn yn golygu gorfod codi 'mhen a gweld nad ydach chi yna go iawn. Wrth gerdded, efo fy llygaid ar y stryd, medra i ddychmygu 'mod i'n clywed tipian sŵn traed yn cerdded y tu ôl i mi.

Ydach chi'n gweld mor dlws ydi hi rŵan? Ydach chi'n gweld golau oren blwyddyn newydd yn lliwio'r adeiladau, yn troi pawb yn ddel? Mae Siop Joseff a Chaffi Nansi wedi hen gau, ond ylwch be ma'r bobol sy 'di prynu'r capel wedi'i wneud yn yr ardd. Welwch chi sut mae'r dŵr yn y ffownten wedi rhewi'n gorn, a sglein llonydd y rhew fel llygaid diwedd nos Sadwrn yn y Roial?

Yn Siop Gray, mae 'na sgwrs i'w chael dros y cownter, hanesion Nadolig gan bobol sy wedi fy nabod i mor hir fel nad oes rhaid i ni ddeud 'helô' wrth ein gilydd. Mae pawb yn ddigon cyfarwydd efo fy neges i'w wneud o'n destun sgwrs taswn i'n prynu PG yn lle Typhoo. Ond dydw i ddim. Mae cysur yn y cyfarwydd a phleser mewn patrwm. Yn y siop fara, mae'r arogl pobi yn gynnes braf, ac mae Jean ar ben cadair yn trio tynnu'r tinsel olaf i lawr. Dydi hi ddim yn brysio wrth fy ngweld i'n aros – rydan ni'n dallt ein gilydd, Jean a fi, ac mae gen i ddigon o amser.

'Diolch i Dduw bod hynna drosodd am flwyddyn arall. Dwi'm isio gweld mins pei arall tra bydda i byw. Ma 'nwylo i 'di bod yn drewi o *mixed spice* ers canol mis Tachwedd.'

Dydi hi ddim yn gwybod eich bod chi'n cerdded efo fi. Chi na chafodd weld 2015, chi sy'n perthyn i adeg arall. Chi sydd ddim wedi gweld y caffi newydd sydd wedi agor yn Stryd Llyn, sy'n gwybod dim am hanes Barbara Dolwern efo'r ci bach 'na sy ganddi. Mi garia i chi efo fi i flwyddyn newydd sbon, a dotio at dlysni pob dim am 'mod i'n ddigon ffodus i'w weld o. Ac i gysuro fy hun, efallai, mi ganiatâf i'r sŵn traed gerdded efo fi ar strydoedd Aberstalwm.

Cofio T. Llew

Hydref 2015

T. Llew Jones 1915–2009

Do'n i ddim wedi darllen cyfrol ers blynyddoedd. Llithrais o'r arferiad wrth i ddyletswyddau bod yn oedolyn ddechrau dwgyd yr orie mas o 'nyddie. Wastod rhywbeth pwysicach i'w

wneud na chodi llyfr – golchi'r llestri, neu gwcan, neu lanhau.
Ac os oedd awr sbâr ar ddiwedd dydd, do'dd dim egni 'da fi
i neud dim ond colapso o fla'n y teli a gwylio rwtsh nes bod
hi'n amser gwely.

Ond fe ddigwyddodd rhywbeth rhyfedd neithiwr.

Ro'n i wedi mynd lan llofft i roi sws nos da i Branwen.
Roedd hi'n ishte yn ei gwely'n darllen llyfr, a naeth hi ddim
sylwi arna i'n sefyll yn y drws yn ei gwylio hi. Sefes i 'na am
beth amser, yn edrych ar y ffordd roedd y gole ar y bwrdd bach
yn creu sglein yn ei gwallt hi. Cysur yr holl bethe meddal,
plentynnaidd yn ei llofft – y tegane, y ffelt pens blith draphlith
ar ei desg, a'r posteri mawr lliwgar ar y walie. Roedd hi'n
edrych rhywbeth yn debyg i fel y byddwn i pan o'n i'r oedran
'na. Gadawes i fi fy hunan hiraethu am ychydig, a chofio'r
teimlade a gawn bryd hynny, yn llawn sicrwydd bod pethe
gwych yn y byd, a 'mod i am eu gweld nhw i gyd.

'Beth 'yt ti'n darllen, bach?' Eisteddais ar erchwyn ei gwely,
a gwenodd Branwen heb edrych arna i o gwbl.

'Fuoch chi yng Nghwm Alltcafan...' dechreuodd Branwen,
a deffrodd rhyw atgof cynnes, cyfarwydd.

'... Lle mae'r haf yn oedi'n hir?

Lle mae'r sane gwcw glasaf?

Naddo? Naddo wir?'

Ac er mawr syndod i Branwen a finne, galles i adrodd yr
holl gerdd, pob un gair, ar fy nghof.

'Shwt o't ti'n gwybod y geirie 'na?' gofynnodd Branwen, fel
petai rhyw hud yn perthyn i mi.

'Ro'n i'n arfer bod yn ffan mowr o waith T. Llew Jones.
Byddwn i'n darllen 'i holl lyfre fe. Ro'n nhw'n llawn bywyd.'
Gwenais ar fy merch. 'O's 'da ti rai o'i nofele fe?'

'Ar y silff lyfre.'

Codais a chwilio'r meingefnau, cyn tynnu un mas.

'Hon fydde fy ffefryn i. *Un Noson Dywyll*. Ga i fencyd hi?'

Wedi gweud nos da wrth Branwen, eisteddais ar y soffa, y teledu'n fud yn y gornel, a dechreuais ddarllen. Ac ymysg y geiriau, yn guddiedig yn y stori, yn llechu yn nhawelwch yr ystafell, des o hyd i ddedwyddwch, a bodlonrwydd – fy Nghwm Alltcafan i fy hun, yn ddwfn yn fy isymwybod.

Gwyn Thomas

Ebrill 2016
Gwyn Thomas 1936–2016

Gwanwyn – amser i'r blodau bychain ymestyn eu coesau, ac amser i blant bach gael aros allan tan naw i chwarae. Sŵn eu chwerthin yn diasbedain dros ddoeau'r tai.

Mae'n wynfyd ym Mlaenau Ffestiniog ar ddiwrnod braf, ac os digwydd eich bod yn brudd neu'n hiraethus, ewch yno. Ewch yno, a pharciwch eich car ar un o'r strydoedd culion, ac ewch am dro bach.

Bydd 'na barau o famau yn gwthio bygis ar hyd y stryd, yn parablu a chwerthin wrth fynd, ac yn pwyllo bob hyn a hyn i roi'r dwmi yn ôl yng ngheg y babi. Daw ambell waedd o ogof blastig y bygis, a'r bodau lleiaf oll yn meddiannu eu tref gyda'u lleisiau egwan.

Bydd 'na griw o hogiau ifanc ar eu ffordd i'r ysgol, neu efallai ar y ffordd adref, yn cyfri pres brown yn eu cledrau cyn mentro i'r siop. 'Be fedra i gael am un deg chwech ceiniog?' Bydd llygaid craff hen wraig y siop yn dynn ar yr hogiau, rhag ofn iddi ddal, o'r diwedd, pwy bynnag sydd wedi bod yn dwyn y Milkybars a'r Buttons.

Bydd athro yn agor ffenest ei ystafell ddosbarth led y pen

yn ystod amser chwarae, ac yn troi ei wyneb at yr haul wrth i arogl a stêm ei goffi godi'n ysbrydion i'r awyr iach. Bydd sŵn pêl-droed blastig yn taro wal y buarth yn rhythm cysurlon, cyfarwydd, a chwerthin plant yn lliwio'r dref cyn i'r gloch ganu i ddynodi diwedd chwarae, dechrau dysgu.

Caiff dau neu dri dyn canol oed smôc ar garreg drws y dafarn, yn chwerthin ar hen jôcs y maen nhw wedi'u clywed o'r blaen ac yn codi bawd ar geir sy'n pasio. Daw llinyn cân o'r jiwcbocs y tu mewn, a sŵn y barmed yn rhegi ar ôl iddi ollwng gwydryn arall.

Byddai'r bardd yno hefyd gynt, wrth gwrs – yn cyfarch yfwrs y pnawn, ac yn rhoi hanner can ceiniog i'r hogyn bach sy'n methu fforddio prynu fferins. Wedi stopio am ennyd i wylio'r gêm bêl-droed ar gae'r ysgol, byddai'n cyfarch Mrs Edwards, sydd ar ei ffordd i llnau y capel. Ar ei ffordd i fyny i Gwm Orthin roedd o, lle roedd ffrindiau, heulwen a heddwch yn aros amdano.

Yng nghôl borffor y llechi, bydd Blaenau'n disgleirio yng ngwyrth eu lluosogrwydd. Fydd neb byth yn gadael Blaenau go iawn.

Diolch, Gareth F.

Medi 2016
Gareth F. Williams 1955–2015

Yn yr ardd roedd Non pan glywodd am ei farwolaeth. Yn gwrando ar y radio ac yn trio penderfynu a ddylai roi'r gorau i drio garddio, a gorchuddio'r holl bridd a'r lawnt efo concrit neu lechi. A daeth llais y dyn ar y newyddion drwy'r drws agored, yn dweud bod yr awdur, Gareth F., wedi marw.

Llenwodd y tristwch ei phen a'i hysgyfaint fel arogl, oedd yn annisgwyl, gan nad oedd hi'n ei adnabod o. Dim ond enw ar glawr llyfr oedd o iddi hi, ac eto, roedd o fel petai wedi bod yno erioed.

Caeodd Non y drws cefn, heb drafferthu diffodd y radio. Cerddodd drwy giât yr ardd gefn, ac aeth am y stryd fawr. Doedd dim byd gwell na min nos haf bach Mihangel. Dyma pryd byddai Port ar ei orau – genod yn chwerthin a hogia'n sgwario a'r tafarndai'n gorlifo'u caneuon ar y palmant.

Roedd gan Non gywilydd ei bod hi'n galaru am ddieithryn.

Ond roedd o wedi bod yno iddi. Yn llyfr yn ei llaw pan oedd hi'n iau, a phawb arall yn sgwennu am genod neis, neis nad oedden nhw byth yn yfed nac yn mynd efo hogiau. Yn stori yn ei meddwl pan fyddai ei rhieni'n ffraeo a hithau yn ei llofft, ac yn stori arall rhwng cloriau pan fyddai Rhods, ei chariad ar y pryd, yn trio tynnu arni. Yn gwmni iddi mewn unigedd ac yn fyd arall pan fyddai'r un go iawn yn teimlo fel methiant.

Roedd hi wedi dychmygu sut un oedd yr awdur, wrth gwrs. Onid oedd hynny'n naturiol, a hithau wedi bod yn darllen ei ddychymyg ers ugain mlynedd? Mae'n rhaid ei fod o'n foi clên, a'i fod yn gwenu'n aml. Yn caru cerddoriaeth – Dylan, Springsteen ac Aretha Franklin. Roedd ganddo synnwyr digrifwch ac roedd o'n dallt pobol. Yn dallt sut i lenwi'r bylchau yn eu bywydau.

Clywodd Non gordiau cychwynnol 'Born to Run' yn gwibio heibio mewn car, a bron na allai weld yr awdur yn eistedd ar wal yr harbwr, yn gwenu ar yr holl straeon a gerddai'r strydoedd.

Dychwelodd Non adref, a sylwi ar wyneb un blodyn bach glas yn tyfu drwy grac yn y wal. Penderfynodd yn y fan a'r lle y byddai'n prynu bylbiau yfory, ac yn eu plannu blith draphlith dros yr ardd fach. Ac y byddai'n eistedd ymhlith y blodau yna yn y gwanwyn, yn ailddarllen geiriau byw hen ffrind nad oedd hi'n ei adnabod.

Omran Daqneesh

Awst 2016

Bachgen 5 mlwydd oed oedd Omran pan anafwyd ef wedi i awyren ymosod ar ei gartref yn Aleppo. Daeth y darlun gwaedlyd ohono'n eistedd mewn ambiwlans wedi iddo gael ei achub o rwbel ei gartref yn enwog dros y byd.

Roedd Bangor yn farwaidd. Er mai pnawn dydd Sadwrn oedd hi, doedd dim o'r prysurdeb na'r miri a arferai fod yno pan oeddwn i'n hogyn bach – dim ciwiau yn y siopau, na dim pobol ifanc mewn grwpiau yn fflyrtio efo'i gilydd ar y stryd. Roedd hi'n drist gweld tref yn gallu tawelu fel 'na, siopau yn cau a bwrlwm yn darfod. Achos, yn fy ffordd fach fy hun, roeddwn i'n caru Bangor.

Yn Smiths y gwelais i'r llun am y tro cyntaf, ar dudalen flaen y papur newydd wrth i mi basio 'mhres i'r ddynes y tu ôl i'r cownter. Hogyn bach yn eistedd mewn ambiwlans, lliwiau ei ddillad wedi diflannu dan haen o lwch. Rhwygwyd ei gartref gan fom yn Aleppo, meddai'r geiriau o dan y llun, wrth i Omran bach eistedd ar y soffa gyda'i dad.

Un o'r lluniau yna. Gwyddwn y byddai'n aros yn fy mhen, yn llenwi eiliadau llonydd, tawel y dyddiau nesaf. Hanner ei wyneb wedi'i dywyllu gan waed, oedd bron yn ddu, dros ei lygad a'i foch, a'r llygad arall yn syllu i rywle y tu hwnt i'r camera. Ei gorff bychan, ei draed noeth a'r bodiau'n cyrlio, a'i fochau crynion iach – byddent yn fyw yn fy nghof. Ond yr olwg ar ei wyneb oedd yn fy nychryn i. Y diffyg dagrau. Doedd o ddim yn ymestyn ei freichiau am ei fam na'i dad, nac yn sgrechian. Doedd ganddo ddim tedi, na blanced, na brawd, na chwaer i'w gysuro. Eisteddai Omran yn llonydd yn y llun, ac yntau wedi arfer bellach efo sŵn bomiau, blas gwaed ac arogl llwch adeiladau'n disgyn.

Baglais drwy'r Stryd Fawr, wedyn, a'r papur newydd wedi'i guddio mewn bag plastig yn fy llaw. Ond roedd o'n dal yno; syllai un llygad da Omran Daqneesh allan ar yr hen fyd, heb syndod na siom, wrth weld yr holl ddinistr a phoen marwolaeth. Mae'n siŵr na wyddai beth oedd heddwch, na gwybod sut deimlad oedd bod yn saff.

Roedd Bangor yn farwaidd. Pob un ohonon ni ar goll yn ein pryderon pitw ni ein hunain, yn poeni bod diesel yn ddrud, bod ein jîns ni'n rhy dynn, bod gan y boi drws nesaf iPhone gwell na'n un i. Ac yn rhywle, ymhell i ffwrdd, roedd stryd yn Aleppo yn welw dan lwch. Trist, bod lle'n gallu tawelu fel yna, bod siopau yn cau, a bwrlwm yn darfod.

Rhun ap Iorwerth ar *Question Time*

Chwefror 2015

Roedd Gary yn ddyn fyddai'n hoff o weiddi ar ei deledu.

Ers talwm, pan oedd o'n iau, pan lifai'r testosteron fel cyffur drwy ei gorff praff, byddai'n gweiddi ar bobol go iawn. Yn cael llond ei groen o gwrw cyn baglu i'r stryd i chwilio am brae. Dyna'r dyddiau da.

Chwilio am brae y bydd o hyd heddiw, gan wylio rhaglenni fyddai'n siŵr o godi ei wrychyn. Anhygoel o beth bod cymaint o bobol dwp yn y byd! Yr holl gwestiynau heb eu hateb ar raglenni cwis, yr holl anwybodaeth yn stiwdio *Celebrity Big Brother*. Carai Gary gasáu ei gyd-ddyn ar y sgrin.

Question Time oedd y rhaglen orau, wrth gwrs. Doedd dim byd yn well na gwleidyddion i gynhesu'r tymer – cythreuliaid powld, snobyddlyd yn eistedd mewn siwtiau oedd yn costio mwy na bil bwyd misol ambell deulu. Doedd ond rhaid i Gary edrych arnyn nhw i deimlo'r atgasedd yn ffrwtian fel gwenwyn drwy ei gorff. Roedd rhifyn heno o Gymru. Gwell fyth. Ffermwyr penboeth wedi newid o'u welingtons am y noson, yn siarad fel petai'r acen yn gwneud eu tafodau'n drwchus. Gwlad oedd wedi mynnu cael rhyw hanner llywodraeth ei hunan, pobol wedi'u tanio gan ofn bod yr Alban yn cael y gorau arnyn nhw, ond heb y dewrder i sefyll ar eu traed eu hunain, chwaith.

Bu bron i Gary boeri ei de pan gyflwynwyd y dyn Plaid Cymru. 'What is that? Who calls their child that?'

Dysgodd Gary ychydig flynyddoedd yn ôl bod bychanu enwau o'r gwledydd Celtaidd yn dderbyniol. Byddai chwerthin ar enwau pobol o unrhyw wlad arall yn ennyn cyhuddiad o 'Racist!' gan ei wraig a'i blant, ond nid felly eu cymdogion agosaf. Câi rhywun ddweud fel y mynnai am Gymry a defaid, neu Albanwyr ac alcohol, ac roedd twpdra Gwyddelod yn dal yn gêm...

Boddwyd pob gair a ddywedodd y Cymro ar y sgrin.

'I mean, they could have given him a proper Welsh name, like David. But that's just ridiculous... I bet it isn't even his name! I bet he's called Rees Jones, or something, and that he's just trying to make a bloody point.'

Sipiodd Gary ei de i gael ei wynt ato, gan lygadu'r Cymro heb wrando ar air a ddywedai.

'Who the hell do they think they are, anyway?'

Corbyn

Gorffennaf 2015

Arferai Iestyn fod yn un â thân yn ei fol. Ers talwm, byddai'n codi ar ei draed mewn cyfarfodydd undeb, yn siarad o blaid hwn neu yn ei erbyn ar ryw achos, ac yn teimlo fel petai'r geiriau'n neidio'n syth o'i galon fawr i'w enau. Arferai ddarllen y *Morning Star* gydag awch ac angerdd, a cherdded gan chwifio'r faner goch mewn protestiadau a ralïau. Pan fyddai 'na etholiad, byddai'n gwisgo rosét coch gyda balchder ac yn crwydro o dŷ i dŷ yn llawn argyhoeddiad. Roedd ganddo sticer Welsh Labour ar ei gar. Fel ei dad a'i daid, roedd gwleidyddiaeth Iestyn mor goch â'i waed.

Wedyn, wrth gwrs, daeth Thatcher, a dechreuodd popeth ddarfod. Caeodd y gwaith dur. Crebachodd y dref, ac er bod Iestyn wedi brwydro a phrotestio gyda'i gymrodyr am rai blynyddoedd, cafodd y Wraig Haearn y gorau arnyn nhw i gyd yn y diwedd. Hyd yn oed y Blaid Lafur. Roedd y blaid honno'n araf wedi dechrau troi'n las, fel petai'r gwaed yn ei gadael a phydredd yn dechrau cyniwair oddi mewn iddi. Fuodd Iestyn ddim yn aelod ers ugain mlynedd. Cafodd ei greithio gan anffyddlondeb ei blaid ei hun. Mewn etholiadau, byddai'n chwilio am unrhyw blaid oedd yn cynnwys y gair 'socialist' yn ei henw, ac yn rhoi ei groes yn y blwch hwnnw, er ei fod yn gwybod y byddai'n gwastraffu ei bleidlais.

Ond roedd rhywbeth yn cynnau eto. Yr hen dân yn ei fol, y gwaed yn poethi. Thalodd o fawr o sylw i Corbyn i ddechrau – doedd y chwith ddim yn golygu 'run fath â'r hyn roedd o'n arfer bod ers talwm – ond cafodd Iestyn ei rwydo gan ambell frawddeg ar *Newyddion 9*.

Un pnawn gwlyb, eisteddodd Iestyn yn llyfrgell y dref a darllenodd bob un erthygl am Corbyn o bob papur newydd oedd ar gael. Taenodd y papurau dros y bwrdd, gan fwytho'r crychau allan o'r tudalennau, a darllen yr un geiriau, drosodd a throsodd, am y storm roedd un dyn da wedi'i hachosi o fewn ei hen blaid. Ar ddiwedd y pnawn, gofynnodd i'r ferch glên yn y llyfrgell am gymorth i ddefnyddio'r we.

'Be ydych chi moyn neud?' gofynnodd y ferch yn wên i gyd. 'Agor cyfrif e-bost? Prynu rhywbeth ar Amazon?'

"Wi'n moyn ymuno â'r Blaid Lafur,' atebodd Iestyn, a rhyw gadernid yn ei lais oedd wedi bod ar goll ers talwm.

Pen-blwydd Dafydd Êl

Hydref 2016

Mae pobol yn glên. Dyna'r argraff a gaiff heddiw wrth edrych ar fwrdd y gegin a hwnnw dan ei sang o boteli gwin a wisgi, siocledi drud a llyfrau. Anrhegion chwithig ydi'r rhan fwyaf, ond does dim bai ar unrhyw un am hynny. Beth all rhywun ei roi i ddyn proffesiynol ac yntau'n cyrraedd oed mawr? Mae ganddo bob dim. Nid yr anrhegion sy'n bwysig, ond y symbolaeth – 'Dan ni'n dal yma. 'Dan ni'n dal i dy ddathlu di.

I Dafydd, mae pob un anrheg gystal â choflaid a phob un cerdyn gystal â llaw yn cael ei hestyn i'w gyfeiriad. Mae 'na gannoedd o gardiau, ond mae ambell un ar goll. Yn gynharach, edrychodd Dafydd drwy'r enwau i weld pwy nad oedd wedi cysylltu, yn hytrach nag edrych i weld pwy oedd wedi ymateb. Ceryddodd ei hun yn syth, gan drio mygu'r ysfa greulon i ganolbwyntio ar y rhai nad oeddent o'i blaid, bellach.

Cwyd y llyfrau a gawsai'n anrhegion, a mynd â nhw at y silff lyfrau.

Dyna ydi'r anrhegion gorau. Mae llyfr yn rhodd bersonol, ac mewn byd cynyddol amhersonol, mae Dafydd yn gwerthfawrogi hynny. Mae'n gosod y cyfrolau newydd ar y silffoedd, gan fwynhau'r cyfuniad o arogl hen lyfrau a llyfrau newydd. Ambell gofiant, tair nofel, a rhai llyfrau ffeithiol – bydd o'n siŵr o'u darllen nhw rywbryd. Mae'n dychmygu ei ffrindiau mewn siop lyfrau, yn chwilio am yr un gyfrol berffaith iddo fo, a daw hynny â chaglau o emosiwn i'w frest.

Mae'n llithro copi o hunangofiant John Major rhwng *Das Kapital* a *Tros Gymru*, ac yn ochneidio wrth deimlo pwysau'r blynyddoedd yn drwm ar ei ysgwyddau. Maent yno i gyd, yn y llyfrau hyn: y Marcsydd ifanc, penboeth, a'r cenedlaetholwr cadarn; y brenhinwr teyrngar, a'r ymgyrchydd iaith; yr Aelod Seneddol; Aelod y Cynulliad; yr Arglwydd; y Pleidiwr.

Ond, un annibynnol, annibynnol iawn ers y dechrau.

Rydw i wedi bod yn gymaint o wahanol bobol, meddylia Dafydd. Mae o'n falch mai fel yna mae o'n byw – yn caniatáu iddo'i hun newid a datblygu, heb fynnu cydio'n ystyfnig mewn hen ideoleg. Does arno ddim ofn cyfaddef iddo fod yn anghywir yn y gorffennol, iddo wneud camgymeriadau. Ond erys y rhan fach ohono sy'n mynnu cwestiynu, hyd yn oed rŵan, ar ôl yr holl flynyddoedd – ai drosta i maen nhw'n pleidleisio, neu dros y Blaid?

Dagrau Carwyn

Mai 2016

Cafwyd llu o ymatebion yn y wasg a'r cyfryngau cymdeithasol pan glywyd adroddiadau fod y Prif Weinidog, Carwyn Jones, wedi wylo yn y Senedd.

Does dim gwleidyddiaeth 'da fi.

Mae pobol yn mynd yn grac pan 'wi'n gweud 'na, yn gweud bod pob bywyd a phob gweithred yn wleidyddol. A fi'n ateb, wel, 'wi'n pleidleisio, ond dyw 'na ddim yn golygu 'mod i'n berson gwleidyddol. Hoffi cerdded lawr i'r ganolfan bleidleisio 'da Graham 'yf fi, gweld pobol yn ciwo, cael sgwrs 'da hwn a'r llall. Ac yna taro croes ym mocs Plaid Cymru am mai dyna mae Graham yn ei wneud.

Ond ro'n i'n grac 'da Graham y tro hyn, a ddim yn gwybod beth i'w wneud 'da'r teimlad poeth 'na yn fy nghorff am nad o'n i wedi arfer 'da fe. Wnes i ddim gweiddi na sgrechen, na llefen, wedes i ddim byd o gwbl. Erbyn iddo fe ddod mas o'r gawod, roedd ei ffôn e 'nôl ym mhoced ei siaced a finne'n gwneud paned. Ond roedd y tecsts 'na'n dal 'da fi, yn fy mhen. Unwaith mae rhywbeth yn fy mhen i dwi'n ffaelu cael ei wared e.

Cydiodd e yn fy llaw wrth i ni gerdded lawr i'r orsaf bleidleisio 'da'n gilydd. Roedd ei law e mor dwym â chorff rhywun arall.

Wrth sefyll uwch y papur pleidleisio, daeth yr ysfa i lefen drosta i, a'r unig ffordd o gael ei wared e oedd rhoi croes fawr wrth 'Y Blaid Lafur' ar bob papur. Dyna fydde'n gwylltio Graham fwyaf. Fydde fe byth yn gwybod, wrth gwrs, ond byddwn i'n gwybod. Gwenais yn annwyl ar Graham wrth bosto'r papurau i mewn i'w bocsys.

Ychydig ddyddie'n ddiweddarach, clywes i fe'n wherthin wrth wylio'r teledu. Yn llenwi'r sgrin roedd llun o'r Prif Weinidog yn sychu dagre 'da macyn.

'Ody Carwyn Jones yn llefen?' gofynnes i.

'Ody, y jiawl dwl. 'Da fe ofan colli'i job.' Ac aeth ati i bwyso dros ei ffôn wedyn er mwyn rhannu'r llun ar Facebook a Twitter.

Es i mas i'r gegin i ddianc oddi wrth y llun 'na. Roedd 'da fi ryw gryndod yn fy mola ar ôl gweld yr hyn weles i, oherwydd doedd dim ots pwy o'dd e, na beth oedd ei wleidyddiaeth e, do'n i ddim yn hoffi gweld rhywun yn llefen.

Meddylies i wedyn wrth dorri winwns yn fân, fân, ai gwleidyddiaeth neu greulondeb, neu falle gyfuniad o'r ddou, oedd yn achosi i bobol ymhyfrydu yn nagre cyd-ddyn. Cododd sawr y winwns i'm llygaid, a chymylodd pob dim.

Neil Hamilton

Mehefin 2016

Roedd o wedi bod i'r Bae, wrth gwrs, i weld yr adeilad. Hen ddiwrnod digon llwyd oedd hi, a chymylau'n crogi'n isel dros y ddinas. Safodd Neil yn syllu ar y lle, a digalondid yn chwyddo fel cywilydd y tu mewn iddo. Yr holl lechi lliw storm yna. A'r gwydr. Pam oedd pob un adeilad modern yn gorfod cael wal wydr?

Ond roedd Neil yn deall, wrth gwrs – doedd o ddim yn dwp. Roedd y llechi'n adlewyrchu cefndir diwydiannol Cymru, a'r ffenestri'n symbol o dryloywder y system wleidyddol, neu ryw lol debyg. Credai Neil fod y peth yn wirion bost. Pam bod eisiau i bob un dim fod yn drosiad, beth bynnag?

Fel roedd o wedi dweud wrth Christine wedyn, doedd pobol ddim eisiau tryloywder gwleidyddol beth bynnag. Onid dyna oedd democratiaeth? Ethol gwybodusion er mwyn gwneud y penderfyniadau anodd oedd eisiau, a pheidio gorfod meddwl am y peth wedyn.

Yna, ac yntau'n teimlo'n ddigon digalon ar ôl gweld yr hen le, roedd Christine wedi dod o hyd i ryw sianel yn dangos trafodaeth yn y Cynulliad. Roedd y ddau wedi eistedd yn hir, yn gwylio mewn tawelwch ofnadwy. Symudodd Christine ei llaw a'i gosod ar un Neil, cyn dweud, 'You don't have to stay there for long, darling.' Chwarae teg iddi. Roedd hi'n gwybod mor anodd fyddai i ddyn fel fo, dyn oedd mor hoff o wneud perfformiad theatrig gwleidyddol, fynd i le mor ddienaid a difywyd â Chynulliad Cymru. Yno, byddai dadl yn golygu bod lleisiau undonog gwleidyddion yn anghytuno'n ddi-fflach. Ble'r oedd drama fendigedig Tŷ'r Cyffredin? Ble'r oedd y galw enwau, y brefu, a'r chwerthin aflafar?

Ond dyna ni. Fel y dywedodd Christine wrth iddi hwylio paned iddo, dim ond y dechrau oedd hyn. Byddai Neil yn siŵr o gael symud ymlaen o Gymru ar ôl ychydig flynyddoedd. A phwy a ŵyr? Efallai y byddai o'n medru dysgu'r Taffs sut i fod yn wleidyddion go iawn. Fel roedd ei ffrind, Nigel, wedi dweud, roedd y Cymry'n annhebygol o chwilio'r we am 'Cash For Questions' neu 'Western Goals Institute'.

Ychydig flynyddoedd o alltudiaeth yng Nghymru, a byddai'r byd yn maddau popeth iddo. Arferai'r un peth ddigwydd yn nyddiau da'r Ymerodraeth – y dynion direidus yn cael eu hanfon i India neu Affrica am ychydig flynyddoedd, i roi cyfle i bethau dawelu. Ar ôl ychydig, byddai Neil yn cael gwell swydd yn ei famwlad, a châi adael yr hen waliau gwydr 'na y tu ôl iddo am byth.

Prifathro ysgol yn Rhuthun

Mai 2015

*Haerodd Mr Belfield, prifathro ysgol breswyl yn Rhuthun, fod yr
iaith Gymraeg yn cael ei gwthio ar ddisgyblion ac o ganlyniad
eu bod yn wannach yn academaidd na disgyblion yn Lloegr.*

Roedd gan James lawer o gyfrinachau.

Byddai ambell un yn cael ei rhannu gyda'i ffrindiau yn
yr ysgol – y cyfrinachau roedd o'n falch ohonyn nhw oedd
y rheiny, fel y drachtiau o fodca ar benwythnosau; y smôcs
achlysurol; yr hyn roedd o wedi'i wneud efo Harriet y tu ôl i'r
pictiwrs. Cariai pob un o'i ffrindiau'r math yma o gyfrinachau
fel fflam fach o obaith a balchder.

Ond roedd 'na gyfrinachau eraill, rhai na fedrai James
eu rannu gydag unrhyw un. Cyfrinachau fyddai'n bygwth ei
wneud yn esgymun petai ei fêts a'i deulu'n gwybod amdanyn
nhw.

Yn un peth, doedd o ddim yn licio pêl-droed. Er ei fod o yn
nhîm yr ysgol, ac wedi ennill y gwpan y llynedd mewn *penalty
shoot-out*, ysai am gael rhoi'r gorau i chwarae. Fedrai o byth:
pêl-droed oedd asgwrn cefn ei gymeriad cyhoeddus.

Cyfrinach arall oedd y cywilydd y byddai'n ei deimlo
weithiau wrth ei weld ei hun a'i deulu fel byddai pobol eraill yn
eu gweld nhw. Tŷ mawr crand ar gyrion y dref, BMW newydd
sbon yr un gan ei rieni, addysg oedd yn costio ffortiwn. Dwi
ddim fel hyn go iawn, meddyliai James weithiau. Dwi ddim
yn haeddu mwy na neb arall achos bod gan fy rhieni fwy o
bres. Ond fyddai o byth yn medru datgelu hynny, chwaith.

Ond y gyfrinach fwyaf oedd y Gymraeg.

Weithiau, yn nhawelwch ei lofft, byddai'n adrodd geiriau:
'bendigedig', 'annwyl', 'hyfryd'. Geiriau oedd yn golygu

pethau da. Weithiau, gan ddefnyddio clustffonau i warchod ei gyfrinach, byddai'n gwylio rhaglenni Cymraeg ar y we, gan rewi'r sgrin bob nawr ac yn y man i ailadrodd brawddegau. Unwaith, aeth i lyfrgell y dref a gofyn, 'Ble mae'r adran llyfrau plant, os gwelwch yn dda?' cyn gwrido gyda phleser am ei fod o wedi yngan brawddeg mor ddiddim mewn iaith oedd yn waharddedig.

Fyddai James byth yn cyfaddef ei gariad tuag at y Gymraeg, na'i ddiflastod ynghylch pêl-droed, na'i amheuon am statws ei deulu. Hogyn da oedd o, eisiau plesio'i deulu, ei ffrindiau, ei brifathro. Darllenodd yn y papur be ddywedodd Mr Belfield am y Gymraeg. Mewn eiliad o eglurder a dealltwriaeth a heb unrhyw gysylltiad â'i addysg ddrud, meddyliodd tybed a wyddai'r dyn oedd yn rheoli ei ysgol fwy am bris pethau na'u gwerth.

William yn cefnogi Cymru

Hydref 2015
Mewn gêm rygbi a chwaraewyd yn Twickenham ar 26 Medi 2015, curodd Cymru Loegr o 28 pwynt i 25.

Dwn i ddim faint ydan ni'n ei dalu i'r tîm PR, ond maen nhw'n haeddu codiad cyflog am hyn. Efallai y dylwn i ddangos fy ngwerthfawrogiad – cês o win, neu dalu am ryw *team-building exercise* ar ymyl rhyw lyn yn rhywle. Mae o'n syniad athrylithgar. Mor athrylithgar, yn wir, fel na fedrwn i roi fy ffydd ynddo fo ar y cychwyn.

'Dydyn nhw ddim mor dwp â hynny,' mynnais wedi i mi glywed y cynllun. 'Dydi crys coch ddim yn ddigon i ddarbwyllo rhywun 'mod i'n cefnogi Cymru...'

'Ond Sir Fôn,' atgoffodd Kate fi yn amyneddgar. Mae Kate yn defnyddio'i thôn amyneddgar efo fi fwy neu lai'n barhaol y dyddiau hyn. 'Yn Sir Fôn y cawsom ni flynyddoedd gora'n priodas.'

Yna, fe aeth ei llygaid yn niwlog i gyd, fel petai ei meddwl hi 'mhell, bell i ffwrdd. Dwi bron yn siŵr mai hel atgofion am Waitrose, Porthaethwy roedd hi.

'Bydd Harry yn cefnogi Lloegr, wrth gwrs,' meddai'r dyn PR yn ofalus, gan osgoi fy llygaid.

Dyna pryd y dechreuais i sylweddoli efallai fod 'na ddoethineb i'r cynllun. Mae'r cyhoedd yn gwirioni ar 'chydig o densiwn rhwng brodyr, ac ychydig iawn o wirionedd sydd yn yr holl straeon ofnadwy am Harry, druan.

Felly dyna ni, Kate a finnau mewn coch (roedd ei steilydd personol wedi gwirioni – mae coch yn gweddu'n wych i *brunettes*, wrth gwrs...) a'r dorf yn Twickenham yn bloeddio. Harry wrth fy ymyl yn gwenu'n hunanfoddhaus ('We're *so* going to smash you...'). Ac yna'r anthem. Dyna pryd y sylweddolais i fod y crysau cochion yn syniad da.

My hen ooh-lad vern hard eye earn Anne wheel ear me...

Doeddwn i ddim yn deall gair, ond roedd Kate a finnau wedi dysgu'r cyfan yn ffonetig. Ac mi ddaru ni ganu 'God Save Nain' hefyd, wrth gwrs.

Am gêm! Roedd y cae fel maes y gad a'r Cymry'n disgyn un ar ôl y llall cyn cael eu cario oddi ar y cae. A'r dorf yn udo 'Swing Low, Sweet Chariot' fel petai o'n crynu ym mêr fy esgyrn.

'Dim ots,' meddwn wrth Harry ar ôl i Gymru ennill.

'Mae dy galon di yn eiddo i un tîm a dy ben di gan y llall. Fedri di ddim colli!' atebodd hwnnw'n surbwch. 'Ti bia pob buddugoliaeth.'

Wrth edrych o gwmpas ar wynebau edmygus y Saeson

ac wynebau gwerthfawrogol y Cymry yn syllu arna i a Kate, sylweddolais fod Harry yn llygad ei le. Allwn i ddim colli.

Delilah

Chwefror 2016

Dywedodd y canwr, Dafydd Iwan, y dylid ystyried rhoi'r gorau i ganu 'Delilah' cyn gemau rygbi gan fod geiriau'r gân, sy'n sôn am ddyn yn trywanu dynes, yn anfoesol.

Ers talwm, amser maith yn ôl, byddai Emma'n mwynhau rygbi. Wrth gloddio'i hatgofion ar ddyddiau fel heddiw, cofiai arogl Snakebite, sain bloedd torf fawr yn cyd-ddathlu, yn daran o'i chwmpas, yn eu crysau cochion gan weiddi'n groch. Nid ei bod hi wedi deall rheolau'r gêm i gyd, chwaith, ond roedd hi'n gwybod digon i wybod pryd fyddai cais yn cael ei sgorio ac yn adnabod gwerth ciciwr da. Esgus am sesh, esgus am gael gwisgo crys oedd yn dynn fel ail groen amdani, esgus i gael cyd-ddathlu neu gyd-dristáu.

Roedd hi'n cofio Sam yn y dyddiau cynnar hynny, hefyd, Sam ynghanol yr hogiau, ei gorff yn fawr a chaled fel corff un o'r chwaraewyr ar y cae, a'i waedd wrth wylio gêm yn gyntefig a gwyllt. Gwirioni ar y ddeuoliaeth yn y dyn a wnaeth Emma i ddechrau, y dyn mawr cryf a'r enaid addfwyn, gofalus, fyddai'n gwneud paneidiau iddi yn y bore ac yn crio wrth wylio ffilmiau rhamantus.

Fydd Emma bellach ddim yn mynd i wylio'r rygbi. Bydd y genod yn dal i fynd, yn dal i wisgo crysau sy'n rhy dynn ac yn yfed cwrw sy'n rhy gryf ym mar y clwb rygbi. Fyddan nhw ddim yn gwahodd Emma mwyach – does 'na fawr o bwynt, a hithau heb ymuno â nhw ers blynyddoedd.

Peth fel yna ydi criw o ffrindiau, wedi'r cyfan, cyfeillion newydd yn ymuno, hen gyfeillion yn symud ymlaen.

Ond bydd Sam yn dal i fynd allan i weld y rygbi, a dyna sy'n poeni Emma. Mae hi'n adnabod ei batrymau, yn nabod sŵn y gawod wrth iddo baratoi i fynd allan, ochenaid yr *antiperspirant*, curiad y gerddoriaeth. Yna, ar ôl iddo adael, a gadael hoel cusan sydyn ar dalcen Emma, bydd hi'n crwydro'n betrus o ystafell i ystafell, yn glanhau a thacluso a chadw'n brysur. Yn yr ystafell fyw, bydd y teledu'n llawn lliwiau llachar, yn laswellt gwyrdd a chrysau cochion, a bydd Emma'n gwrando am sŵn ceisiau, ac yn cadw llygad ar y sgôr. Y rhifau yna yng nghornel y sgrin sy'n llywio sut hwyliau fydd ar Sam pan ddaw o adref ati hi.

Mae'r dorf ar y teledu'n canu 'Delilah' – *I felt the knife in my hand, and she laughed no more* – ac mae Emma'n tawelu'r sain fel na fydd sŵn y gân, na'r geiriau, i'w clywed, dim ond ei hanadl hi ei hun.

Diolch, Gary

Mehefin 2016
Gary Speed 1969–2011

'Theatre of dreams,' chwyrnodd Ioan i mewn i'w beint, gan greu awel ysgafn dros ewyn y cwrw. 'Weles i rio'd unrhyw beth mor *depressing* yn 'y mywyd, 'chan.' Cododd y gwydr i'w wefusau, a chymryd dracht hir o'r ddiod. Roedd y bar yn brysur, a hithau'n hanner amser.

Fel rheol, ni fyddai Gareth yn trafferthu dadlau gyda'i bartner wrth yfed. Roedd hi'n saffach peidio ymateb, peidio gadael i Ioan fynd i hwyliau ac i draethu. Ond roedd Gareth ei hun wedi cael llond croen o gwrw heno, a'i dafod wedi'i frathu unwaith yn ormod.

'Ca' dy ben,' meddai'n floesg. 'Weles i neb erio'd mor grac wrth weld pobol yn joio'u hunen.'

Edrychodd Ioan i fyny ar ei ffrind mewn syndod, ond eto, wrth ei fodd am iddo gael esgus i ddadlau. 'Joio'u hunen! 'Da'r *mess* sy yn y wlad 'ma... *Fiddling while Rome burns!*'

Ochneidiodd Gareth, a throi yn ôl at y gêm.

Sut roedd dweud bod gwylio dawns dynion ar gae yn Ffrainc yn mendio rhywbeth cyntefig y tu mewn iddo? Bod clyfrwch criw o ffrindiau yn ddigon, am ychydig, i wneud i'r byd deimlo fel lle hapus eto? Bod y syndod o ennill yn gymaint mwynach na disgwyl buddugoliaeth?

Doedd Gareth ddim yn twyllo'i hunan. Gwyddai'n iawn y byddai'r gwirionedd yn dal i fodoli ar ôl y chwiban olaf – y banciau bwyd a'r hiliaeth filain, y ciwiau yn swyddfa'r dôl, a'r henoed tlawd yn oer mewn tai unig. Doedd pêl-droed ddim yn gwneud iddo anghofio'r drwg, ond yn gwneud iddo gofio'r da. Dynion â gwên ar eu hwynebau'n ysgwyd llaw â'r tîm arall. Addfwynder eu cofleidiau ar ôl sgorio, ac ar ôl colli. Môr o goch, miloedd o bobol, ac un peth yn eu huno. Am ychydig, roedd yr un peth hwnnw'n ddigon. Dim ond dros dro.

'Ma golwg mor hapus arnyn nhw i gyd. Mor garedig,' meddai Gareth yn dawel wrtho'i hun ar ôl y chwiban olaf.

Er mawr syndod i Gareth, trodd Ioan at y sgrin. Gwyliodd y ddau wynebau'r chwaraewyr a'r cefnogwyr, ac yna gwên dawel Chris Coleman wrth iddo gael ei holi.

'Rhaid i ti weud, maen nhw'n griw hoffus iawn,' mentrodd Gareth.

Nodiodd Ioan. 'Fel Gary Speed. Pob un ohonyn nhw. 'Yt ti'n ei weld e? Maen nhw'n debyg iddo fe.'

Ac oedd, roedd Ioan yn gallu gweld ar ôl edrych, anian addfwyn, glên Speed fel heulwen dros y tîm a'r holl gefnogwyr.

Diolch, Irfon

Mai 2017

Daeth Irfon Williams i amlygrwydd oherwydd ei waith diflino dros ei ymgyrch Hawl i Fyw. Ymladdodd i sicrhau bod pobol sy'n dioddef o ganser y coluddyn yn cael yr hawl i dderbyn cyffur arbennig i ymladd y canser hwnnw yng Nghymru, gan y bu'n rhaid iddo ef symud i Loegr i'w gael. Bu farw ym mis Mai 2017.

Roedd hi'n noson braf, a'r haf wedi gafael. Wrth i lesni diwedd dydd wrido'n binc ac yn biws, eisteddai'r pentrefwyr yn eu gerddi, ambell un yn mwynhau gwydraid o win, ambell un arall yn lapio'u dwylo o amgylch mỳg o de ac yn gwylio'r stêm yn codi fel ysbryd i'r machlud. Y tu allan i'r dafarn, wrth yr afon, roedd ffrindiau, cariadon a theuluoedd yn eistedd ar y wal, peintiau yn eu dwylo, a blas y cwrw fel neithdar ar ddiwedd diwrnod poeth.

Roedd rhywun yn rhywle yn cael barbeciw, a'r arogl yn rhuban ar hyd y strydoedd. Roedd rhywun arall yn gwrando ar rythm diog hen gân *reggae*, ac yn y parc safai criw o bobol ifanc yn dysgu sut i fflyrtio.

Yn y pentref roedd heno'n noson berffaith. Y math o noson y byddai pobol yn hiraethu amdani pan fydden nhw'n hen, a phan fyddai pethau'n dechrau teimlo nad oedden nhw gystal ag roedden nhw cynt.

Yn ei ardd gefn, roedd Twm yn crio.

Fyddai o ddim yn crio fel arfer – yn wir, fedrai o ddim cofio'r tro diwethaf iddo wneud. Ond dyma fo'n sefyll yn yr ardd gefn ynghanol arogl y perlysiau yn y potiau bychain, a'r dagrau'n powlio'n berlau tewion i lawr ei ruddiau. Y tu mewn iddo, roedd hen gaglau tyn yn datod.

Newydd weld y newyddion roedd o, y geiriau du a gwyn ar sgrin fach ei ffôn. Roedd o wedi mynd. Y syndod mawr, hunllefus, moel i Twm oedd fod rhywun fel fo, ac yntau'n ddyn mawr a chryf yn llawn hwyl, chwerthin ac addfwynder, yn gallu darfod ar ddiwrnod fel heddiw. Yn gallu dod i ben.

Roedd hi'n iawn i grio.

Ganddo fo y dysgodd Twm hynny. Roedd hi'n iawn i grio, ac yn iawn i ddweud yr holl eiriau miniog i gyd. Roedd hi'n iawn cyfaddef, pan fyddai pethau'n anodd, neu'n drist, neu'n annioddefol o annheg. Roedd hi'n iawn dewis gollwng dagrau yn lle cuddio'r cyfan y tu mewn, yn boeth ac yn galed yn nhywyllwch y meddwl.

Rhywle yn y stryd nesaf, roedd babi'n trio parablu, a hen ddyn yn chwerthin ar ryw hen jôc a glywsai ganwaith o'r blaen. Er bod y dydd yn tynnu at ei derfyn, fyddai neb yn anghofio'r diwrnod oedd wedi tywynnu mor glên â'r un yma.

Diolch, Dafydd

Ebrill 2017
Dafydd Dafis 1958–2017
Actor a cherddor o Rosllannerchrugog a fu farw'n ddisymwth.

Fin nos, ac mae'r adar wedi tewi am y dydd. Dim ond fo sydd ar y platfform yn aros am y trên ac mae'r tawelwch o'i gwmpas yn drwchus, yn drwm.

Yr haf yw hi, er mai gwanwyn y dylsai fod, ac mae'r blodau bach sy'n tyfu yn y caeau o gwmpas yr orsaf drenau yn anadlu eu persawr melys i'w gyfeiriad. Dangos hanner ei hwyneb mae'r lleuad yng nglas melfaréd yr awyr, ac mae o'n teimlo mawredd y nefoedd yn ehangder y nos.

Ynddo, yn rhywle, mae 'na gân, ond fedr o ddim yn ei fyw gofio sut i'w chanu. Mae o'n troi ei feddwl oddi wrth yr awyr a dychmygu'r trên – y trên cynnes, clyd a'r bobol gyfarwydd fydd arno. Yn saff ym mhoced din ei jîns glas mae'r tocyn ganddo, a dyna'r unig beth sydd ganddo – dydi o ddim am ddod â llond siwtces o stwff, na bag yn drymlwythog o hen fanylion. Yn rhywle arall, mae ei lyfrau, ei ddillad, ei hoff fŷg paned, ei offerynnau a'i CDs a phob dim arall. Pethau sy'n gallu teimlo mor drwm weithiau. Fydd o ddim yn hiraethu amdanyn nhw, ond weithiau mae o'n meddwl am y pethau hyn – y pethau sy'n cael eu gadael ar ôl. Dillad a llestri a hen ganeuon.

Clyw sŵn yn torri ar y nos, a dau lygad y trên yn ymddangos ar y gorwel. Mae rhythm cysurlon, braf i guriad y trên ar y cledrau – *da-dym, da-dym... da-dym, da-dym.* Hen guriad jazz yn nesáu. Gwena wrth feddwl am y peth. Mae 'na gân ym mhob dim.

O'i flaen mae'r trên yn arafu, a'r ffenestri'n taflu eu goleuni gwyn drosto. Rhaid aros, am eiliad, i gymryd llond ceg o anadl y nos, anadl llawn arogl blodau'r haf. Ac yna mae'r drysau'n agor, ac mae o wedi gadael – y teithiwr tawel heb fag ar ei gefn.

Gan ailddechrau rhythm ei gân, mae'r trên yn symud i ffwrdd – *da-dym, da-dym* – ac mae'r nos yn dychwelyd i'r orsaf. Mae'r haf cynnar yn addo hydref cynnar, ond am ychydig, bydd y blodau'n dal yn lliwgar a'r adar mân yn dal i ddathlu'r bore.

Yn y pellter, mae'r trên yn chwibanu, ac ar yr hen guriad jazz, mae'n swnio fel petai *alto sax* yn galw, 'Nos dawch'.

Diolch, Rhodri

Mai 2017
Rhodri Morgan 1939–2017

Weithiau, yn ei gyfnod o gyfarfodydd a phwyllgorau a phapur, byddai e'n codi ei ddwylo i'w wyneb heb feddwl ac yn ceisio clywed arogl y pridd ar ei fysedd. Dychmygai gael llacio ei dei a theimlo'i draed noethion ar y glaswellt. Roedd ei ardd gefen yn ei galon, a hiraeth am siffrwd awel chwareus drwy'r coed yn ei ddilyn fel cyfaill.

Ysai am gael plannu hadau bychain yn ei ardd ac eginblanhigion bach bregus yn dynn yn y pridd. Tynnai'r chwyn digywilydd allan rhwng ei fys a'i fawd, gan adael digon o le i'w blanhigion ymestyn eu gwreiddiau a magu dail, magu llysiau a ffrwythau a blodau bychain, persawrus. Cydbwysedd oedd ei angen wrth arddio – gwneud digon heb wneud gormod, rhoi'r cyfle gorau i fywyd cyn gorfod gadael y cyfan i ffawd y tymhorau yn y diwedd.

Weithiau, byddai'n sefyll yn ei ardd gefen a gadael i'r awyr iach lanhau arogl y swyddfa o'i groen a'i wallt. Bron na allai deimlo'r ocsigen yn codi o'r dail mawrion i gosi ei gnawd ac weithiau, ar ambell ddiwrnod arbennig yn y cyfnod cyfareddol yna rhwng y gwanwyn a'r haf, byddai'n gallu edrych ar ei ardd a'i gweld yn tyfu, yn anadlu. 'Mae hi'n fyw, fy ngardd i. Mae hi'n beth byw.'

Roedd ei ardd yn fwy na llain o dir y tu ôl i'w dŷ.

Ymestynnai ar hyd y strydoedd culion hyd at ganol y

ddinas, a lan yr A470, fel gwythïen yn fforchio i drefi a phentrefi pell. Ar hyd y wlad, roedd yr hadau a blannodd wedi tyfu'n blanhigion mawrion, praff. Pabis Cymreig, efallai, yn swil ac yn bert.

Roedd yn well ganddo ef y pabis Cymreig na'r rhosod cochion hy.

Eleni, bydd yr ardd yn dal i ddawnsio dan awel chwareus yr haf, a phlanhigion a syniadau a chynlluniau yn dal i dyfu, eu gwreiddiau'n ddwfwn mewn pridd Cymreig. Bydd y syniadau a blannodd ef yn y pridd ac ar bapur yn tyfu ryw fymryn eto, yn parhau i ymestyn eu canghennau ac yn troi eu blodau at yr haul.

I lawr yn y Bae, saif y Senedd yn dal ac yn falch. Mae'r gwydr ar flaen yr adeilad yn adlewyrchu haul hapus y cyfnod rhwng y gwanwyn a'r haf, yn disgleirio fel llygaid hen arddwr caredig.

Trump, yr ymgeisydd

Mawrth 2016

'Sgynno fo'm gobaith mul mewn Grand National,' meddai Jac yn bendant dros ei beint. Uwchben y bar, roedd y teledu'n dangos lluniau llachar o'r Unol Daleithiau – Donald Trump yn annerch miloedd, a'r rheiny'n cytuno'n groch, gan ddyrnu'r awyr, a'u gruddiau'n wrid o adrenalin a'r teimlad o berthyn.

'Paid â bod mor siŵr,' rhybuddiodd Gwion y tu ôl i'r bar. 'Ma nhw'n mynd yn nyts amdano fo allan yn fan'na – ma nhw wrth eu bodda efo hogyn drwg. Sbia Bill Clinton!'

'Dio'm cweit yr un fath, nadi,' wfftiodd Jac. 'Licio merchaid oedd hwnnw. 'Di'r Trump 'ma ddim yn licio neb na dim, ond fo ei hun.'

Jôc oedd yr holl beth i ddechrau – yr hawl i wneud hwyl am ben Americanwyr twp, esgus i gael rholio llygaid a dweud 'Be nesa?' Wedi'r cyfan, doedd dim sylwedd i Donald Trump – cymeriad mewn rhaglen deledu oedd o, testun gwawd oherwydd ei wallt gwlân cotwm, ei wragedd perffaith a'u hacenion trwm. Be haru'r ffasiwn foi yn meddwl bod ganddo fo siawns yn y byd o arwain yr Unol Daleithiau? Mae'n rhaid ei fod o'n colli arni. Cyflwynydd teledu oedd o, nid gwleidydd – a doedd o ddim yn ymddangos yn foi clên iawn, hyd yn oed ar ei raglen ei hun. Na, doedd ganddo ddim gobaith.

Ac wedyn, yn araf bach, sylweddoli nad oedd hi'n hwyl mwyach ei wneud yn destun gwawd. Achos roedd gan Trump ei gefnogwyr brwd, ac nid criw bach o eithafwyr od oedden nhw. Yn araf, wrth i'r misoedd droelli, sythodd gwên Jac wrth iddo sylweddoli ei bod hi'n bosib, yn bosib iawn, mai'r lob yma fyddai Arlywydd nesa yr Unol Daleithiau. Efallai y byddai o'n llwyddo i adeiladu'r waliau a gawsai le mor amlwg yn ei areithiau, a chau gororau ei wlad rhag y bobol hynny a goeliai mewn Duw gwahanol i'r un roedd o'n dweud ei fod o'n ei arddel. Efallai, wedi'r cwbl, mai'r bysedd *fake-tan* oren yna fyddai'n gorffwys uwchben y botymau sy'n rheoli'r bomiau mwyaf dinistriol yn y byd.

'Wneith pobol ddim pleidleisio iddo fo. Mae o'n beryg bywyd!' meddai Jac wedyn, yn trio darbwyllo'i hun yn fwy nag unrhyw un arall.

'Gobeithio ddim, wir,' atebodd Gwion. Syllodd y ddau ar y sgrin, ar grechwen Donald Trump, ac yna ar y gynulleidfa oedd fel petaent yn chwil ar ei eiriau. Roedd ffasiwn obaith yn eu hwynebau, sylweddolodd Jac, fel petaent yn syllu ar yr Iachawdwr Newydd.

Buddugoliaeth Trump

Tachwedd 2016

Bydd Maria'n codi am hanner awr wedi pedwar bob bore, ac yn bwyta gweddillion swper neithiwr i frecwast yn nüwch ei chegin fach. Ar ôl gwisgo ei chôt a rhoi ei bag dros ei hysgwydd, mae'n agor drws ei fflat ac yn teimlo oerfel y tywyllwch yn estyn amdani.

Rhaid iddi ddal tri bws a cherdded hanner milltir cyn cyrraedd y gwaith. Mae'r bysys yn iawn – bydd Maria'n darllen, neu'n edrych drwy'r ffenest ar y tai, y ffatrïoedd a'r siopau llwyd. Ond dydi hi ddim yn mwynhau'r hanner milltir o gerdded drwy strydoedd crandiaf y ddinas. Teimla'n fudr yno, fel petai'n gwneud i'r palmentydd edrych yn flêr. Weithiau, bydd yn pasio un o wragedd y tai hyn a hwythau allan yn loncian gyda'r wawr, clustffonau bach gwyn yn eu clustiau a *fitbit* yn slic ar eu harddyrnau.

Aiff Maria i mewn i'w gweithle drwy ddrws y cefn, sy'n arwain yn syth i'r ystafell fach a gaiff ei galw'n 'Maria's room'. Mae ynddi sinc a chypyrddau, peiriant golchi a pheiriant sychu a chadair bren galed yn y gornel. Mae un ffenest hir yn agos at y nenfwd, sydd wastad yn dangos yr awyr fawr, wag.

Heddiw, bydd Maria'n gwneud pedwar brecwast i aelodau'r teulu (cig moch ac wyau; ffrwythau a thost *gluten-free*; Coco Pops; *croissants*). Yna, bydd yn tacluso llofftydd y plant ar ôl iddyn nhw fynd i'r ysgol, yn golchi'r llestri, yn glanhau, yn tacluso, yn gwneud paned ar ôl paned ar ôl paned i wraig y bòs. Bydd hefyd yn codi baw'r cŵn bach o'r lawnt yn y cefn.

Rhaid dioddef clochdar ei bòs am fuddugoliaeth Donald Trump, a hiliaeth hawdd ei eiriau miniog.

Mae Maria'n gobeithio, un diwrnod cyn bo hir, y bydd hi a phob gweithiwr anghyfreithlon arall, pob Mecsicanwr a Mwslim, yn codi yn y bore ac yn dal trenau neu awyrennau a dychwelyd i ryw wlad arall yn lle mynd i'w gwaith. Dychmyga'r panig bendigedig pan fydd siopau'n gorfod cau, busnesau'n gorfod rhoi'r gorau iddi, colegau ac ysgolion a phrifysgolion yn methu agor eu drysau. Mae'n dychmygu ei bòs yn rhegi ac yn anobeithio hebddi, a mynyddoedd o faw cŵn bach yn tyfu yn yr ardd.

I Fecsico y bydd Maria'n mynd ar y diwrnod hyfryd hwnnw: adref. A phan ddaw wal fawr Donald Trump, bydd hi'n hapus ei bod hi ar yr ochr iawn iddi, yr ochr gyfiawn, yr ochr saff.

'Is there life on Mars?'

Ionawr 2016
David Bowie 1947–2016

Ma 'da fi delesgop – wel, nid un fi yw e, a gweud y gwir. Anrheg Nadolig o'dd e i un o'r cryts, flynyddoedd 'nôl nawr. Fi ddaeth o hyd iddo fe yn yr atig a'i achub. Dal yn y bocs, prin wedi'i ddefnyddio. 'Wi'n mynd i fynd â hwn lawr llawr 'da fi, meddylies i. Ro'n i'n arfer gwybod popeth byti'r gofod. Bydden i wedi dwlu cael telesgop fel hwn.

Tra o'n i lan yn yr atig, edryches i drwy'r hen records hefyd. Roedd David Bowie wedi marw, chi'n gweld, a phan mae pobol fel yna'n ein gadel ni, am ennyd, chi'n troi i'r hyn roeddech chi'n arfer bod slawer dydd. Roedd y records i gyd 'na, yn dal yn nhrefn yr wyddor, a'r crafiade wedi crychu'r feinyl du. Fedrwn i ddim llai na gwenu arnyn nhw, na chwaith roi un neu ddwy dan fy mraich gyda'r telesgop, a'u cario nhw lawr. Ro'n i'n moyn nhw'n agos ata i, dim ond am ychydig.

'On'd yw e'n drist,' wedodd Tracy wrth gymryd y records mas o 'nwylo yn y gegin, yn hwyrach mla'n. 'Do's neb tebyg iddo fe, o's e?' Edrychodd arna i 'da'r ddwy lygad frown 'na. 'O'dd gwallt oren llachar ac *eyeshadow* 'da ti pan gwrddes i â ti gynta.' Gwenodd Trace wedyn, ac olion blinder ar ei hwyneb.

Yn hwyrach mla'n, yn y *box room* bach ni'n galw'n stydi, gosodais y telesgop yn y ffenest. Welwn i ddim llawer – roedd lampau'r stryd yn llygru'r tywyllwch – ond roeddwn i'n mynd i dreial. Ro'dd hi'n o'r, felly es i'r llofft i nôl *fleece*, ac yna dala fy adlewyrchiad fy hun yn y drych.

Dyn canol o'd, tew, moel, ac wyneb digalon 'da fe. Dyna pwy o'n i nawr – yn un o'r lleill, fel pawb arall. Yn llwyd.

Cyn i fi wybod beth o'n i'n wneud, ro'n i wrth fwrdd bach Trace, yn peintio fy hun 'da *eyeshadow* gwyrdd ac *eyeliner* glas a lipstig lliw cleisie. Yn y stydi fach, yng nghefn y tŷ, gwasgais fy llygad liwgar at y telesgop, yn whilo am rywbeth, am rywun. Ro'n i mor siŵr, tawn i ond yn galler gweld y blaned Mawrth, taw dyna ble bydde David Bowie, a falle y byddwn inne 'na 'da fe, yn ddeunaw o'd, yn amlwg yn fy lliwie llachar.

Llongyfarchiadau, Llion

Mawrth 2017

Enillodd Llion Williams wobr yr actor gorau yn y Gymraeg a'r Saesneg yng Ngwobrau Theatr Cymru 2017. Roedd o'n actio rhan Duncan ar y pryd.

Chwarter wedi saith. Chwarter awr tan i'r llen godi.

Mewn ystafell fechan, laith o dan y theatr eistedda'r actor, ei gorff wedi'i blygu'n daclus yn yr hen gadair bren. Mae'r drych yn un hen ffasiwn â bylbiau gwydr yn ei amgylchynu, ond mae eu hanner nhw wedi chwythu eu plwc. Goleuni anwastad felly sy'n taflu cysgodion hirion dros yr ystafell flinedig.

Mae'r lle'n drwch o hen arogleuon, haen ar ôl haen o actorion a chymeriadau a gwisgoedd: mwg hen sigaréts, chwys a phersawr yn felys fel fferins. Wrth ystyried ei bod yn ystafell mor foel, mor ddiddim, mae'r lle'n llawn hanesion.

Sylla'r actor ar ei adlewyrchiad ei hun yn y drych.

Y Brenin Duncan fydd o heno. Mae'r wisg yn ei gosi, a'r arogl sach mor sych â llwch y blynyddoedd, yn cosi ei ffroenau. Bydd yn rhaid iddo farw unwaith eto heno. Bydd yn rhaid iddo fyw'r balchder, y siom a'r gwewyr, a chael ei fradychu unwaith yn rhagor. Ar ddiwedd y noson, caiff ddiosg ei wisg a thynnu ei jîns a'i grys chwys amdano, a golchi'r gwaed cyn dychwelyd i'r byd go iawn.

Efallai, ymhen pedair awr, y bydd yn sefyll yn y Tesco 24 awr yn ceisio penderfynu pa fath o afalau i'w prynu, wrth sylwi ar ychydig o'r gwaed potel wedi sychu'n gryman dan ewin ei fawd. Efallai y bydd o'n meddwl, Mi wnes i farw unwaith eto heno, ac yn cymryd eiliad fer o hoe cyn troi ei sylw'n ôl at y ffrwythau a'r *muzak* digysur.

Ond yn awr, rhaid cyfleu'r cyfan unwaith yn rhagor a bydd y drasiedi o'i flaen yn gwbl anochel. Er ei fod o'n gwybod beth sydd am ddigwydd, eto, fe fydd o'n teimlo popeth fel petai o'r newydd.

Daw cnoc ysgafn ar y drws. Maen nhw'n barod amdano.

Mae'r actor yn gadael ei lonyddwch yn yr ystafell fach. Mae'n ei adael ei hun yno hefyd, yn y bag cefn taclus a'r dillad sydd yn crogi'n ysbrydion dros gefn y gadair. Yma, yn rhywle, mae'r holl bobol sydd ynddo – y cythreuliaid a'r angylion, y dynion drwg a'r trueiniaid diniwed. Y llwch llechi ar siaced hen chwarelwr, a'r mwd ar esgidiau pêl-droed llefnyn *self-unemployed* ers talwm. Maen nhw i gyd yma, wedi eu gadael, am ychydig, i aros nes i'r actor ddychwelyd i'w cario nhw oddi yno unwaith eto.

EIN DIWYLLIANT

Rhagbrofion

Mai 2016

Dyna'r tro cyntaf erioed i Elin fethu cysgu. Ers ei bod yn fabi bach, roedd hi'n caru ei chwsg, yn un o'r plant bach perffaith, dedwydd yna oedd yn gwneud i bobol genfigennu at eu rhieni. Ond nid y noson honno. Nid y noson cyn y Diwrnod Mawr.

'Mae'n rhaid i ti gysgu, pwt,' dywedodd Gruff wrthi, gan ei harwain yn ôl i'w hystafell wely, 'neu mi fyddi di'n rhy flinedig i lefaru fory.' Dringodd Elin yn ôl rhwng ei chynfasau blêr, a gorwedd ynghanol ei doliau a'i thedi bêrs. Penliniodd Gruff wrth y gwely, a thynnu'r blanced dros ysgwyddau ei ferch.

'Be os dwi'n anghofio'r geiria?'

'Wnei di ddim. Mi gofist ti nhw yn y steddfod gylch a'r steddfod sir, yn do?'

'Ond mae'r Genedlaethol yn wahanol.'

Cusanodd Gruff ei boch fach, a lapio'i fys o gwmpas y blethen oedd yn cyrlio ar ei gobennydd. 'Byddi di'n iawn, pwt. Byddi di'n wych'. A dyna lle roedd y ddau wedyn, mewn tawelwch nes i lygaid Elin gau yn araf a rhythm ei hanadlu'n arafu i drwmgwsg.

Ac mi *oedd* hi'n iawn, hefyd, ac yn wych. Yn y rhagbrofion y diwrnod wedyn, eisteddodd Gruff mewn cwt plastig chwyslyd yn gwrando ar yr un gerdd drosodd a throsodd, gwahanol blant o wahanol ardaloedd yn trio rhoi ystyr i eiriau oedd yn llawer rhy gymhleth i'w meddyliau ifanc. A phan ddaeth tro Elin, llefarodd y darn yn berffaith, yn union fel roedd hi wedi'i wneud adref ganwaith. Doedd neb hanner cystal â hi, meddyliodd Gruff yn bendant.

Doedd y beirniaid ddim yn cytuno. 'Mae'n ddrwg gen i,

pwt,' meddai Gruff pan ddaeth y canlyniadau, ac archwiliodd wyneb ei ferch am arwyddion o siom. 'Does 'na jest ddim digon o amser i bawb fynd ar y llwyfan. Ac mi gawn ni drio eto blwyddyn nesa, os ma dyna fyddi di isio...'

'Gawn ni fynd i gael hufen iâ 'ŵan?'

Cerddodd y ddau law yn llaw ar hyd y maes yn chwilio am y fan hufen iâ, a dywedodd Gruff gyda gwên, 'O'n i'n meddwl y bysat ti 'di siomi.'

Ysgydwodd Elin ei phen. 'O'dd y rhai gafodd lwyfan yn dda. Yn well na fi.'

Ar faes heulog ynghanol miri a hwyl a thwrw plant yn chwerthin, oerodd rhywbeth yn Gruff wrth glywed ei hogan fach yn dod i'r casgliad creulon bod rhai pobol yn well na'i gilydd. Bod rhai plant bach yn well nag eraill.

Mistar Urdd

Mai 2015

Mae hi'n mynd yn drybeilig o boeth yn y siwt. Dydi o ddim yn joban i'w wneud ar chwarae bach. Y tro cynta i mi fod yn Mistar Urdd, ew, roedd hi'n hîtwef. Do'n i ddim wedi paratoi chwaith at y gwaith. Mi gerddais unwaith rownd maes y Steddfod, ond mi fu'n rhaid i mi ista wedyn, rhwng Cymdeithas yr Iaith a Bwrdd yr Iaith. Jest iawn i mi golapsio. Diolch byth na wnes i, achos y peth ola sydd ei angen ar Bobol Fawr yr Urdd ydi plant bach yn sgrechian am fod Mr Urdd yn fflat ar ei gefn ar faes y Steddfod.

Dwi 'di dysgu, erbyn hyn, sut i ymdopi. Yfed llwythi o ddŵr – does dim rhaid poeni am bi-pi, achos bydd y cyfan yn cael ei chwysu i ffwrdd. Gwneud digon o ymarfer corff am wythnosau hefyd cyn mentro gwisgo'r siwt. Tra bydd y bobol ifanc eraill yn ymarfer eu leins ac yn gwneud yn siŵr eu bod nhw'n gwybod lle mae'r pwyslais ar y gynghanedd ar gyfer y llefaru, dwi yn y *gym*. Mae o'n cymryd misoedd. *Core muscles* ydi'r peth pwysig, dwi 'di sylweddoli, achos mae siwt Mistar Urdd mor dindrwm fel bod angen canol sy'n gadarn fel boncyff er mwyn dal y bali peth i fyny. Dydi pobol ddim yn sylweddoli gymaint o waith ydi o.

Dwi'n mynnu bob amser cael pum munud o lonyddwch a thawelwch cyn mynd allan at y plantos.

'Dach chi'n gweld, mae 'na rai'n sgrechian yn syth wrth weld triongl mawr streipiog yn cerdded tuag atyn nhw ar y maes. Rhai eraill yn chwerthin, rhai bach annwyl yn lapio'u breichiau o gwmpas 'y nghoesa i. Bydd rhai eisiau sgwrs, a finna wedi cael fy siarsio'n bendant i beidio â dweud gair wrthyn nhw – dydi Mistar Urdd ddim yn siarad, 'dach chi'n gweld. Weithiau, mae 'na gythreuliaid bach yn dod draw i wneud hwyl ar 'y mhen i, yn tynnu *selfies* bondigrybwyll ac yn gwneud sylwada hyll am faint fy mhen ôl i. Wrth gwrs bod gen i homar o din, dwi'n ysu i gael dweud. Dwi'n blincin triongl, on'd ydw i? Ond cha i ddim dweud gair wrthyn nhw.

Mae'r siwt yn golygu rhywbeth, wyddoch chi. Y rhan goch ydi Cymru, y gwyrdd ydi cyd-ddyn, a'r gwyn ydi Crist. Falla 'mod i wedi cymysgu'r gwyrdd a'r coch, cofiwch, ond dyna ydi ei ystyr o i fi, beth bynnag.

Cofiwch, waeth pa mor boeth yw'r siwt, dwi'n rhyw feddwl bod Cymru, cyd-ddyn a Christ yn feichiau reit braf i'w cario.

Dawns y Blodau

Mehefin 2015

Mae Mam wedi recordio'r holl beth ar y teli – y bobol yn siarad; y dyn ifanc yn codi ar ei dra'd, yn cerdded i'r llwyfan ac yn gwisgo'r goron ar ei ben; y fideo yn dangos strydoedd glan y môr a phobol ifanc yn dala dwylo; dawns y blodau; ac wedyn pawb yn canu cân o'dd yn swnio fel emyn, o leia dyna ddylse hi fod, ond eto, do'dd hi ddim.

Bydd Mam yn dangos yr holl beth i bawb a ddaw draw i'r tŷ, ac yn pwyntio mas ble 'wi'n sefyll ac yn dawnsio o flaen y dyn ifanc – 'Can you see her? Our Daisy, dancing? Isn't she brilliant?' Ac mae pawb yn cytuno, wrth gwrs – Mam-gu, Tad-cu, Anti Kelly ac Yncl Dale a Jen a Frankie a...

Heddi, bydd Mam yn gwylio'r recordiad ar ei phen ei hun, ar ei glinie o flaen y sgrin, fel rhywun mewn eglwys o flaen lliwie'r ffenestr liw. Mae'n gwylio, ei cheg ar agor rhyw damed bach, a dyw hi ddim yn rhoi *fast forward* at ddawns y blodau y tro 'ma. Mae'n gwylio'r holl seremoni, o'r dechre hyd y diwedd.

'We're going out for a walk, Daisy. Get your shoes on.'

Mae hi'n mynd â llyfr gyda hi. Llyfr siâp petryal, a llun o flode coch ar y ffrynt. Wrth ddod at un o'r llwybrau ar gyrion y pentre, mae'n agor y llyfr ac yn chwilio.

'Dandelion,' cyn darllen yn araf, 'D a n t - y - l l e w.'

'What you doing?'

'Dant y llew? Isn't *dant* tooth? And *llew* is lion!' Ysgydwa Mam ei phen mewn penbleth. 'That can't be right.'

Rydan ni'n edrych ar ein gilydd, ac yn chwerthin.

Rydw i'n cofio 'blodau menyn' a 'pabi' o'r ysgol. Rydan ni'n dilyn ein dawns flodau ein hunain, gan gerdded o un blodyn gwyllt i'r llall, ceg Mam yn baglu'r enwau Cymraeg yn chwithig ac yn anghyfarwydd.

'Llygad y dydd. Daisy. That's a pretty name, don't you think? Just like you.' Mae'n gwenu. 'Enw pert.'

'I didn't know you could speak Welsh, Mam.'

'I used to love Cymraeg at school.'

Mae hi'n pigo blodyn llygad y dydd ac yn ei osod yn fy ngwallt. 'Maybe you could teach me again, eh? Remind me of what I've lost.' Rydw i'n nodio. 'Croten dda, Daisy, my darling, llygad of my dydd.'

Gŵyl y Gelli

Mai 2016

Bai Blyton oedd y cyfan. Hi oedd wedi dechrau'r ysfa hon, ei henw ar gopi clawr caled blêr o *The Faraway Tree* o siop lyfrau ail-law yn y Rhyl. Gallai Elaine gofio holl fanylion y llyfr – arogl llychlyd y tudalennau, y llun hen ffasiwn ar y clawr glas ac yn fwy na dim, y teimlad bendigedig yna o ddianc rhwng cloriau llyfr. Dyna oedd y tro cyntaf i Elaine ymgolli, a fuodd pethau ddim yr un fath wedyn.

Roedd Elaine bron â thorri ei bol eisiau mynd i Ŵyl y Gelli ers iddi glywed amdani flynyddoedd yn ôl, ond byddai mynd yno'n teimlo fel gweithred hunanol pan oedd y plant yn fach ac yn licio *Tecwyn y Tractor* a *Hotel Eddie* yn fwy na llyfrau. Felly aethon nhw ddim ac Eisteddfod yr Urdd aeth â'u bryd. Ond eleni, a'r plant wedi tyfu, doedd dim i'w rhwystro. Byddai'n ddiwrnod bach iddi hi ei hun. Elaine oedd piau heddiw – Elaine a'r llyfrau. Am ddiwrnod i'w ddewis. Diwrnod crys-t, diwrnod sandalau, diwrnod glasach na chlawr *The Faraway Tree*.

Doedd y lle ddim fel roedd Elaine wedi disgwyl iddo fod, chwaith. Efallai mai hi oedd wedi treulio gormod o amser yng nghysur cyfarwydd yr Eisteddfod, ond teimlai Elaine ryw chwithdod wrth grwydro maes Gŵyl y Gelli, fel petai'n chwilio am rywbeth neu rywun cyfarwydd. Eisteddodd mewn theatr fawr chwyslyd i glywed darlith gan awdur oedd wedi ennill rhyw wobr, a chlywodd gyflwynydd teledu'n holi hanesydd. Talodd bron i ddeg punt am bitsa, ac eisteddodd yn yr haul yn gwrando ar sgyrsiau pobol eraill, ond nid yn y Gymraeg.

Doedd hi ddim yn perthyn yma.

Estynnodd i'w bag i nôl y nofel roedd hi wedi'i dewis i ddod gyda hi, ond methodd â'i mwynhau. Am y tro cyntaf, roedd Elaine yn ymwybodol o'r clawr pinc a'r ysgrifen rhuban. Stori am ryw ddynes yn gadael un dyn am ddyn arall oedd hi. Nofel ysgafn, hwyliog a dim y math o beth a gâi ei ddathlu yma.

Roedd Elaine yn hiraethu am Eisteddfod yr Urdd.

Syllodd o'i chwmpas ar y bobol. Mewn cornel gysgodol, â choblyn o het haul yn cuddio'i phen a'i hwyneb, eisteddai dynes fawr a'i meddwl ar goll mewn llyfr. Llyfr Jackie Collins, sylweddolodd Elaine yn llawen. Doedd neb yn syllu ar y ddynes, neb yn ei barnu na'i gwawdio. Estynnodd Elaine unwaith eto am ei llyfr ei hun, a theimlo'r unigedd yn codi wrth iddi ymgolli yn stori rhywun arall.

Y mwyafrif

Awst 2016

'Y'ch chi 'ma am yr wythnos?'

Brathodd Rhiain yr ochenaid, a gwenu'n frwd, cyn ysgwyd ei phen. Dwy awr o grwydro'r maes, ac roedd hi wedi clywed y cwestiwn chwe gwaith, mewn acenion fymryn yn wahanol bob tro. 'Dim ond heddi a fory,' atebodd yn amyneddgar. Aeth ati i adrodd yr un hanes eto, bod Ken yn rhy brysur i dynnu'r garafán eleni, a phethe fel roedden nhw ar y fferm 'co, a bod y merched wedi mynd yn rhy hen, nawr, i ddod 'da'u mam. Chwerthin, sgwrsio, hel clecs, blino. Ffarwelio. Symud ymlaen, a chael yr un sgwrs gyda rhywun arall.

'Pam 'yt ti'n hoffi mynd i'r Steddfod, 'te?' gofynnodd Ken iddi wrth yrru adref o Feifod y llynedd, y garafán yn llusgo'n flinedig y tu ôl iddynt. 'Mae e fel *groundhog day*, drud, yn y glaw. So ti byth yn mynd i wrando ar y gerddorieth nac ar y beirdd, nag wyt?'

'Sai'n gwybod,' atebodd Rhiain yn onest, achos weithiau doedd hi ddim yn deall y peth ei hunan. Yn enwedig eleni. Blwyddyn y colli calon. Gyda phob pleidlais, pob dadl ar y teledu ac ar y radio, pob llun o blant bach ar *Newyddion 9*, roedd ysbryd Rhiain wedi tywyllu ryw fymryn. A doedd yr Eisteddfod ddim yn lle i'r digalon. Lle i rannu gwên oedd yno, nid gwg.

Beth oedd e 'te, am faes mewn cae ar gyrion tref oedd yn ei denu hi? Y cyfle i weld hen ffrindiau? Prynu crysau-t Cymraeg i'r merched? Galw yn un o'r stondinau drudfawr i brynu mygiau, neu fin bara, neu fframiau lluniau gyda geiriau Cymraeg wedi'u printio'n drwm arnyn nhw? Paned

Maes B

Awst 2016

Dydi hi ddim yn dawnsio. Dyna'r peth cyntaf sy'n denu llygad Gwil ati – ei bod hi'n sefyll ynghanol y llawr, a phawb o'i chwmpas yn neidio pogos. Ond mae hi'n llonydd, yn gwrando ar y band. Weithiau, yn enwedig rhwng caneuon, bydd un o'i ffrindiau'n sgwrsio â hi, neu'n lapio breichiau llac, meddw o'i chwmpas ac wedyn bydd y ferch yn gwenu ac yn cymryd dracht o'i pheint. Dydi hi ddim fel nhw.

'Neeeeeis,' meddai un o'i ffrindiau yn ei ymyl wrtho, gan syllu dros y dorf arni. 'Ti am fynd amdani, Gwil?' Wedyn, mae o'n chwerthin, am na fydd Gwil yn mynd am neb, byth. Mae genod yn ei ddychryn o. Fo ydi jôc y grŵp, ac mae o'n gwybod hynny.

Awr neu ddwy'n ddiweddarach, mae Gwil yn gadael y tai bach a dyna hi, yr hogan ddel, yn sefyll yno yn yr oerfel. Mae'n pwyso dros un o'i ffrindiau, ac yn dal gwallt melyn ei chyfeilles yn ôl wrth i honno chwydu llif porffor afiach o Snakebite a blac i'r gwair. Mae'r weithred mor addfwyn, mor dawel garedig, nes gwneud i Gwil stopio'n stond i wylio'r ddwy. Mae'r darlun yn berffaith amherffaith, fel darlun ar y cyd gan Dante Rossetti a Banksy. Ei gwallt tywyll yn sgleinio dan lif y golau noeth, annaturiol. Blodau mân ar batrwm ei ffrog, a mwd yn drwch ar sodlau ei sgidiau. Arogl y gwair, y tai bach, y byrgyrs a'r chwd. Mae'r ffrind benfelen yn sythu, ei stumog yn wag, ac mae'n gwenu'n wan cyn cerdded yn ôl i ganol y dorf. Dim ond cyfle byr iawn sydd gan Gwil i siarad â merch ei freuddwydion cyn iddi ddilyn ei ffrind i mewn i'r düwch.

Cyn iddo gael cyfle i ystyried y peth, mae Gwil wedi cerdded draw ati. Mae hi'n edrych i fyny arno, ac wrth i lygaid y ddau gyfarfod dros guriad calon y gerddoriaeth, mae'r dieithriaid yn gwenu ar ei gilydd. Sylwa Gwil ar ambell welltyn o laswellt yn ei gwallt, a cholur wedi crwydro'n gymylau duon ar ei gruddiau. Mae enfys o freichledau ar ei harddwrn, a stampiau gwahanol gigs ar gefn ei llaw. Does dim perffeithrwydd amdani. Mae Gwil wedi gwirioni.

'Iawn?' gofynna Gwil, a chân cynghanedd yng ngoslef ei lais.

'Shwmae?' ateba'r ferch, ac mae cordiau agoriadol cân orau'r noson yn cael eu chwarae.

Sioe'r pentref

Awst 2014

Y jam.

Roedd Mrs Davies wedi bod yn synfyfyrio amdano ers misoedd. Jam anghyffredin – dyna oedd teitl y gystadleuaeth, ac roedd o'n bygwth gwyrdroi patrwm y blynyddoedd. Cystadlu i wneud y jam ffrwythau gorau roedd y pentrefwyr wedi'i wneud ers hydoedd, ac Annie Ffridd Isa wedi ennill efo'i jam mwyar duon ers degawdau. Ond roedd Annie wedi cael ei chlywed yn hefru yn siop y pentref.

'Pwy sydd eisie bwyta jam anghyffredin? Wn i ddim os dria i o gwbl eleni.'

Byth ers iddi glywed am y geiriau hynny, roedd gobaith wedi bod yn chwyddo fel chwant bwyd ym mherfedd Mrs Davies. Byddai'n ennill ar y sgons bob blwyddyn, bron, ac yn fuddugol weithiau gyda'i chacen sbwnj. Ond byddai cipio rosét coch y jam oddi ar Annie Ffridd Isa yn bluen yn ei chap.

Trodd y gegin yn labordy wrth i Mrs Davies arbrofi gyda gwahanol ffrwythau: ciwi a cheirios, llus ac eirin du, mefus a bricyll. Cafodd siom ofnadwy o ganfod fod banana yn gwneud jam du, chwerw. Erbyn canol yr haf, roedd ei chypyrddau'n llawn jariau, mor amryliw â'r gemau mewn cist o drysorau.

Gwawriodd dydd y sioe yn llwyd a budr, a gwisgodd Mrs Davies ei chôt law a'i welingtons blodeuog cyn cychwyn ar ei ffordd i'r cae ar gyrion y pentref. Anwybyddodd y cŵn defaid yn y cae, wrth i'r rheiny ddangos eu hunain wrth redeg o amgylch y conau traffig a llamu dros y bêls bach.

Yn y babell fawr, roedd hi'n gynnes ac yn glòs, ac arogl coffi a chacennau cri yn plethu rhwng y bobol. Cerddodd Mrs Davies o amgylch y byrddau, gan gadw'r bwrdd bwyd tan y diwedd. Roedd y rwdins yn arallfydol o fawr eleni, a'r plant wedi cael hwyl ar lunio mapiau o'r pentref. Enillodd Annie Ffridd Isa ar y brodwaith, ond dim ond trydydd gafodd hi yn y gystadleuaeth trefnu blodau.

Y bwyd.

Sgons: 1af, Margaret Davies.

Sbwnj Victoria: 1af, Annie Edwards. 2il, Margaret Davies. Hen dro.

Jam anghyffredin: 1af, Felix Dougherty. 2il, Margaret Davies.

'Grawnffrwyth, sinsir ac afal!' Safai Annie wrth ymyl y bwrdd, gan ysgwyd ei phen yn ddrwgdybus. 'Jam hipis! Finnau wedi meddwl bod jam mefus a llus yn ddigon anghyffredin. A tydi hwn ddim yn jam iawn, chwaith, nac ydi, Mrs Davies, efo grawnffrwyth? Marmalêd ydi o!'

Nodiodd Mrs Davies, ond fedrai hi ddim teimlo'n ddig.

Roedd ei jam port a mwyar duon hi wedi curo jam Annie Ffridd Isa. Dyna oedd yn bwysig.

Diolch

Chwefror 2015

I Meredydd Evans – cerddor, canwr, gwarchodwr hen alawon – a Dr John Davies – hanesydd a gwladgarwr – a fu farw o fewn pum niwrnod i'w gilydd ym mis Chwefror 2015.

Er eu bod nhw braidd yn hen bellach, rydw i'n dychwelyd i drefn plant bach heno wrth roi fy meibion yn eu gwlâu.

Tynnu'r cwrlid yn bwysau cysurlon dros eu cyrff bach main, a chusanu'r pennau blinedig, gan adael i mi fy hun synhwyro arogl eu gwalltiau, yn feddal ac yn felys. Cau'r llenni ar lampau'r stryd; diffodd y golau mawr a chynnau'r un bach, egwan. Eistedd ar y stôl fach rhwng y ddau wely, a dechrau fy mhader bach o ddiolchgarwch.

'Un tro, amser maith yn ôl, roedd 'na dywysog o'r enw Llywelyn...'

Mae'r ddau yn troi eu cyrff ata i, eu llygaid ynghyn, a'r stori'n lliwio llwydni'r ystafell i'r ddau. Maen nhw'n holi cwestiynau, ac yn ebychu yn y llefydd iawn, ac ar ôl gorffen yr hanes rydw i'n fud am ychydig ('... ac wchi, hogia, ma stori Llywelyn yn hollol wir...').

Wedyn, fel emyn bach o werthfawrogiad, rydw i'n canu. Mae'r hogiau yn gwybod pob gair – 'Pa Bryd y Deui Eto', 'Ddoi Di Dei' a 'Bwthyn Nain' – a dw innau'n llon ac yn lleddf o gofio llais mor feddal â gobennydd yn canu yr un alawon i minnau pan oeddwn i'n blentyn. Mae llygaid y plant yn araf gau, ac yna, rydw i'n ddistaw.

I'r distawrwydd, rydw i'n diolch i ddau ddieithryn am roi hanes, alawon ac angerdd i ni. I John Bwlchllan am ein hanes sy'n parhau, ac i Merêd am alaw nad oes iddi derfyn. Diolch am ein stori ni ein hunain sy'n gwrlid, neu'n gleddyf, neu'n grefydd i ni i gyd.

9 Bach

Ebrill 2015

Dydi Frank ddim yn licio cerddoriaeth werin, heb sôn am gerddoriaeth werin Geltaidd. Mae'r holl sŵn yn crafu ar ei nerfau – ffidlau, gitârs a phibau yn cyfeilio'n gwynfanllyd i'r genod â'u lleisiau'n llawn anadl. Ymddengys i Frank mai dau bwrpas sydd i gerddoriaeth werin – dawnsio neu grio. Hen hiraeth gwirion sydd ynghlwm wrth y cyfan – cerddoriaeth ddoe.

Byddai Frank yn newid yr orsaf radio, ond mae'r peiriant yn y lorri wedi bod yn sownd ar Radio 2 ers 2008 ac mae cerddoriaeth werin yn well na dim sŵn o gwbl. Roedd o wedi bwriadu cael trwsio'r radio er mwyn cael symud o'r naill orsaf i'r llall pan fyddai'r hen lol ffidl-di-di 'ma'n cael ei chwarae, ond rhywsut aeth y blynyddoedd heibio ac erbyn hyn, mae o'n fodlon gwrando ar Radio 2 am weddill ei ddyddiau, os bydd rhaid. Mae'r draffordd sy'n hollti canolbarth Lloegr yn lle prysur ac unig, a Frank yn dibynnu ar y lleisiau o'r stereo i lenwi caban ei HGV tra bydd o'n tynnu llwythi o rawnfwyd o gwmpas y deyrnas.

'Nine Bark,' meddai'r llais ar y radio – enw rhyw fand sydd wedi ennill rhywbeth neu'i gilydd yn y gwobrau gwerin. Mae Frank yn ystyried ai *bark* fel ci neu goeden ydi'r ystyr, cyn

77

sylweddoli mai band Cymraeg ydyn nhw, ac mae'n rhegi dan ei wynt. Mae cerddoriaeth werin yn un peth, ond yn Gymraeg hefyd! Mae'r holl beth yn chwerthinllyd o hiraethus. Hen ganeuon marwaidd mewn hen iaith sydd ar ei gwely angau... am lwyth o...

Yna mae'r gân yn dechrau, a Frank yn eistedd fymryn yn fwy cefnsyth. Mae'n teimlo caban y lorri'n llenwi, rhywsut, gyda nodau sy'n swnio'n hollol newydd.

Dydi hyn ddim yn swnio fel cerddoriaeth werin, meddylia Frank; a dweud y gwir, dydi o ddim yn swnio fel unrhyw gerddoriaeth mae o wedi ei chlywed erioed o'r blaen.

Mae o'n gwbl, gwbl newydd.

Mewn eiliad ryfeddol, mae Frank yn ystyried efallai mai dyma yw cerddoriaeth werin go iawn – fod Cymru'n wlad sy'n datblygu ei llais ei hun heb ddibynnu ar hiraeth, na dylanwad y gwledydd amlwg. Cerddoriaeth y werin. Weithiau, bydd Frank yn gyrru llwyth i Gaergybi, ac mae o'n ystyried rŵan y byddai llais y mynyddoedd bygythiol, hyfryd yna sy'n llafnau ar y gorwel cyn cyrraedd Môn yn swnio'n union fel y llais yma ar y radio, y llais sy'n gwmni iddo ar ei draffordd ddi-ben-draw.

'Nine bark,' meddai Frank wrtho'i hun yng nghyfnos ei gerbyd. 'Nine bark.'

S4C

Rhagfyr 2015

'Do's dim byd mla'n!'

Anelodd Dyfrig y teclyn at y teledu i newid y sianel, a ffieiddio at y dewis oedd ganddo ar nos Fawrth wlyb. Dyw e ddim y math o ddyn sy'n hoffi gwylio pobol yn bwyta pryfed byw mewn jyngl, na phobol yn aros yn eiddgar i glywed tynged eu plant/rhieni/anifeiliaid anwes tra bo'r rheiny'n cael llawdriniaeth ddifrifol. Dyw e ddim yn hoffi dramâu gwaedlyd na dychrynllyd, nac operâu sebon. 'So i'n gwybod pam fi'n talu'r drwydded!'

Trodd at S4C, a chrychodd ei drwyn wrth weld mai'r newyddion oedd ymlaen. Hy! Roedd Dyfrig wedi gweld y lluniau o'r bobol yn protestio, wedi clywed ambell un yn cwyno ar y radio bod y sianel dan fygythiad. Doedd e prin yn gwylio'r bali peth – nid a chymaint o sianeli eraill ar gael. Dim ond ffyliaid oedd yn credu y gallai teledu achub iaith. Trodd Dyfrig i wylio'r selébs yn y jyngl yn cecru.

Yn hwyrach y noson honno, trodd Dyfrig 'nôl i wylio rhaglen am hanes pêl-droed yng Nghymru. Yfory, byddai ei ŵyr bach, Elis, yn dod draw ar ôl ysgol feithrin, ac yn cael gwylio'r rhaglenni plant bach ar Cyw. Byddai Meriel, ei wraig, yn cadw'r teledu ymlaen wedyn, gan ei bod hi'n hoffi gwylio *Prynhawn Da*. Byddai'n gwylio *Heno* hefyd, ar y teledu bach yn y gegin wrth iddi baratoi swper. Pan ddeuai Gruff, eu mab, yn ôl o'r gwaith, byddai'r fam a'r mab yn gwylio *Rownd a Rownd* a *Pobol y Cwm* gyda'i gilydd, cyn i Gruff ddiflannu i'w lofft i wylio'r *Gwyll* neu *35 Diwrnod* neu *Ochr 1* ar ei gyfrifiadur. Byddai'n trydar ei farn, gan ffraeo a thynnu coes yn Gymraeg.

Yn y cartref preswyl yn y dref, roedd y teledu bach yn llofft Gwen wedi bod ar S4C ers iddi gyrraedd. Doedd staff y cartref ddim yn medru Cymraeg, a'r rhan fwyaf o'r preswylwyr yn Saeson. Dyma oedd unig gyfle Gwen i glywed ei mamiaith.

Yn y stad newydd ar gyrion y dref, roedd Alison yn gwylio gan ddefnyddio'r is-deitlau. Roedd hi'n benderfynol o ddysgu

Cymraeg, ac weithiau, byddai'n deall brawddeg gyfan o *Pobol y Cwm* heb orfod darllen yr is-deitlau.

'Do's dim byd mla'n!' meddai Dyfrig eto, gan droi'n ôl at *Newyddion 9*.

wahanol bobol ifanc, o gefndiroedd gwahanol?' Daliodd fy llygad. 'Rhyfedd meddwl amdanat ti'n micso 'da neb ond Cymry Cwmra'g. Ody e ddim braidd yn gul, gwed?'

Roedd hi'n iawn, roedd y syniad yn un rhyfedd. Dim ond Cymraeg. Iaith Mam, iaith yr ysgol, a iaith yr ysgol Sul fyddai o 'nghwmpas i ym mhob man. Yn cael ei sgrechian a'i gweiddi. Cwmpo mas a rhegi a chymodi yn Gymraeg. Awyrgylch hollol afreal, *ghetto* o Gymreictod.

'Be sy'n bod 'da 'ny? Ma tair blynedd yn gyfnod byr iawn i gael byw yn Gwmra'g, os chi'n gofyn i fi.'

'Ond dim fel 'na mae'r byd go iawn...'

'Nage. Trist bod angen llefydd fel Panty yn y lle cynta.'

Cododd ei haeliau, a rhyfeddais innau i fi gofio cymaint o'r llinellau gorau o'r brotest y bûm i ynddi'n ddiweddar. Roeddwn i'n swnio fel gwleidydd. 'Mai dyna'r unig gyfle sydd ar gael i wneud popeth yn fy iaith i.' Codais ar fy nhraed, a dwyn dwy fisged arall.

'Ble 'yt ti'n mynd? Bydd Dad gytre mewn muned...'

Fflachiais wên ar Mam. 'Adolygu.'

Bywyd ym Mhantycelyn

Mehefin 2015

Roedd Tudur ynghanol astudio pan ddigwyddodd o. Astudio munud olaf, yr unig beth sy'n lleddfu'r panig poeth yna cyn arholiadau. Darllenai'r un brawddegau dro ar ôl tro, heb i'r geiriau dreiddio i'w feddwl. Ond doedd dim ots. Catecism oeddent bellach, rhywbeth i'w ailadrodd dro ar ôl tro er mwyn oeri'r panig.

Ac yna, a'r pryder bron â'i fygu, rhoddodd Tudur y

llyfr i gadw, a chamodd allan o'i ystafell i un o goridorau Pantycelyn.

Roedd hi'n dawel, a phawb yn eu hystafelloedd yn trio cysuro'u hunain cyn yr arholiadau gyda geiriau a nodiadau. Wrth iddo gerdded yn araf ar hyd y coridor yn nhraed ei sanau, gwrandawodd Tudur ar synau Pantycelyn. Rhywun yn gwrando ar y radio. Rhywun arall yn siarad ac yn gadael saib hir cyn siarad eto – wedi ffonio adra, mae'n siŵr, er mwyn cael sgwrs efo Mam neu Dad neu gariad. Daeth dau chwerthiniad bas o'r tu ôl i ddrws un o'r hogiau – ffrindiau yn herio'r norm o adolygu, efallai, ac yn sgwrsio dros gân neu baned.

Roedd genod yn chwerthin yn ysgafn yn rhywle. Rhywun yn canu'n feddal, ddifeddwl. Sŵn tecst yn cyrraedd ffôn. Rhywun yn peswch. Gwylanod yn sgrechian drwy'r ffenestri fel rhybudd. Synau byw, meddyliodd Tudur.

Safodd Tudur yno am yn hir, gan drio dwyn y foment hon i gof. Fydd fa'ma ddim yn bod efallai. Rhaid i mi gofio sut mae o. Ond doedd o ddim eisiau cofio hyn, chwaith – ennill y frwydr unwaith, ac yna'r fuddugoliaeth yn cael ei dymchwel, y rheolau'n cael eu newid. Panig colli Pantycelyn ar ben panig yr arholiadau, a'r Brifysgol yn dewis y geiniog dros y gymuned.

Dychmygodd y lle'n wag, fel roedd y Brifysgol yn dymuno – y coridorau'n drwm gan fudandod, a phob car yn pasio, pob gwylan yn wylo, pob sŵn o'r tu allan yn ehangu distawrwydd y tu mewn. Byddai llwch yn hel, a ffenestri'n cracio, a pharabl y lleisiau Cymraeg yn tewi tu ôl i ddrysau caeedig y coridorau. Câi bawb symud, wedyn, i un o'r neuaddau preswyl modern – un o'r rhai cysurus oedd yn blastig i gyd, arogl paent gwyn a newydd-deb. Y math o garped a pharwydydd a nenfydau newydd sbon danlli oedd yn llyncu pob sŵn, pob murmur. Yn llyncu parabl yr iaith, a'i gwneud yn fudan.

Concyrs

Hydref 2014

Roedden nhw'n arfer dweud ers talwm bod 'na ffyrdd o wneud concyrs yn galetach: hanner awr yn y ffwrn; eu socian mewn finag; eu peintio â phaent ewinedd.

Yng ngardd Cartref Henoed Bryngwyn, roedd coeden fawr yn gollwng concyrs mawr tewion bob blwyddyn. Ceisiodd Menai gofio enw'r math yna o goeden – roedd gair amgenach na 'coeden goncyrs', roedd hi'n siŵr, ond methodd gofio'r enw. Pan fyddai'r tywydd yn glên a'r staff yn fodlon, byddai'n crwydro allan ac yn hel y concyrs, yn eu cadw ym mhoced ei chardigan ac yn ymestyn amdanyn nhw weithiau, gan dynnu ei dwylo crychiog dros y plisgyn llyfn.

'Concyrs,' meddai Jane wrth weld un o'r concyrs yn llaw Menai a phawb yn eistedd o gwmpas y bwrdd cinio. Trodd y lleill a gwirioni wrth weld yr hen wraig yn estyn chwech neu saith o'i phoced, a'u gosod nhw mewn rhes ar y bwrdd o'i blaen. Anwybyddwyd y tatws stwnsh a'r mins (bwyd meddal, fel bwyd babi) a phasiwyd y concyrs o amgylch y preswylwyr, pob un yn anwylo'r peli bach brown yn eu dwylo crin.

Dyna pryd cafodd Menai'r syniad.

Ofynnodd neb iddi wedyn sut roedd hi wedi tyllu drwy'r concyrs caled, nac ychwaith lle daeth hi o hyd i'r careiau i'w gwthio drwy'r tyllau. Yr unig beth oedd yn bwysig oedd bod Menai, adeg brecwast y bore canlynol, wedi cyflwyno concyr ar linyn yr un i bob un a eisteddai o gwmpas y bwrdd.

Dechreuodd y bencampwriaeth.

Edward Ty'n Llwyn oedd y ffefryn. Fo oedd pencampwr concyrs Ysgol Maen-y-ffridd o 1941 i 1943. Erbyn amser cinio, roedd o wedi chwalu concyrs tair o'r merched, ac yn brolio mewn llais crynedig mai'r dechneg oedd yn cyfri, nid y concyr ei hun.

Pan ddaeth tro Menai i wynebu Edward, ebychodd gweddill y preswylwyr wrth weld bod ei choncyr hi'n binc llachar.

'Paent ewinedd,' esboniodd Menai. 'Mae o'n caledu'r concyr.'

Cyn mynd adref ar ddiwedd y pnawn, trawodd Ms Francis, y rheolwraig, ei phen heibio drws y lolfa. Syllodd yn gegrwth ar y preswylwyr yn eistedd mewn cylch o gwmpas dwy o wragedd hynaf y cartref oedd yn waldio concyrs ei gilydd.

'Tyrd 'laen, Menai!'

'Chwala hi, Doris!'

'Go ooooon, genod!'

Safodd Ms Francis yn y drws am ychydig, yn gwylio'r ornest. Byddai'n rhaid iddi roi stop ar hyn, rywbryd. Roedd o'n torri amryw o reolau iechyd a diogelwch. Ond ew, roedd o'n edrych yn hwyl.

Crufts

Mawrth 2015

Ar ddechrau pob blwyddyn, bydd Philomena'n eistedd wrth fwrdd y gegin gyda'i chalendr newydd sbon o'i blaen a ffownten pen las i sgriblan dros y misoedd i ddod. Dros bedwar diwrnod yn y calendr, bydd Philomena'n ysgrifennu 'CRUFTS', mewn llythrennau breision fel yna. Does dim byd arall yn cael llythrennau breision – dim penblwyddi, gwyliau nac ymwelwyr. Mae Crufts yn bwysig.

Ni sy'n berchen ar y dyddiau yna.

Bydd hi'n prynu trîts arbennig i mi – bisgedi siâp asgwrn, neu fwydydd ci drudfawr. Bydd hi'n golchi fy nghlustog arbennig cyn ei gosod yn ofalus ar y soffa, a dyna lle bydd Philomena a finnau am y pedwar diwrnod, ein llygaid ar y teledu, ei llaw grychiog hi'n rhoi mwythau i'r ffwr ar fy nghefn. Bydd hi'n siarad â fi, weithiau, gan wneud sylwadau ar y cŵn. 'Edrych sheino ma côt y springer spaniel 'na!' neu 'Edrych seis hwnna, Motyn bach, ma fe fel Shetland poni!' Ond does dim cŵn fel fi yno – mwngrel bach â ffwr mor galed â dannedd crib, yn ddu ond yn britho.

Mae Philomena'n wahanol eleni. Does ganddi ddim gymaint i'w ddweud am y cŵn ar y sgrin, neu efallai mai fi sydd ddim yn clywed a minnau'n cysgu mor aml. Mae'r holl deithio at y milfeddyg yn fy mlino, a'r pigiadau bydda i'n eu cael yno'n dwyn fy egni. Ond dydw i ddim yn credu bod yr un hwyliau ag arfer ar Philomena, chwaith. Mae hi'n cydio ynof fi'n rhy dynn.

Yn ystod yr hysbysebion ar y teledu, mae hi'n gadael yr ystafell ac yn dod yn ôl gyda brws a photelaid fach o olew arbennig, yr olew bydd Philomena'n ei roi yn ei gwallt bob nos Sul i'w gadw'n sgleiniog. Mae hi'n rhwbio'r olew ar ei dwylo cyn ei daenu dros fy ffwr, ac wedi i'r rhaglen o Crufts ddychwelyd i'r sgrin, mae hi'n fy mrwsio i. Ton, ar ôl ton, ar ôl ton, fel mwythau arbennig, a finna'r hen gi gwan, yn sgleinio, diolch i'r olew drud.

Ar y sgrin, mae'r cŵn ifanc, heini yn llamu ac yn gwneud triciau. Yma, ar ein soffa ni, mae Philomena'n tywys y brws yn ofalus drosta i, yr hen fwngrel, ond ei ffrind gorau hi. Rydw i'n syrthio i gysgu dan ei chyffyrddiad addfwyn, a'r geiriau meddal sy'n hanner sibrwd dan gyfeiliant y teledu: 'Edrych arnot ti nawr, Motyn bach. Ti yw'r *best in show*.'

Ysgol Fomio Llanbedr

Mehefin 2014

Cafodd maes awyr Llanbedr ger Harlech ei glustnodi fel lle y gellid arbrofi a chael hyfforddiant ar ddefnyddio awyrennau dibeilot.

Roeddwn i'n eu dychmygu nhw, weithiau. Ym mherfedd oriau tywyllaf y nos, byddwn yn meddwl am yr awyrennau mawr llwyd yn torri drwy awyr las Dyffryn Ardudwy, tunelli o fetel yn drymach na hunllef, yn herio disgyrchiant. Caen nhw eu galw yn awyrennau dibeilot, ond roedd *drones* yn well disgrifiad. Roedd y cythraul pethau yn canu grwndi milain yn fy mhen o fore gwyn tan nos.

'Dos yn ôl i dy wely,' meddai Kate yn y bore. 'Roeddat ti'n troi a throsi drwy'r nos.'

'Dwi'n iawn.'

Ochneidiodd Kate, wedi syrffedu ar fy nghlywed i'n hefru. ''Mond ymarfer fyddan nhw yma. 'Dio ddim fatha bod nhw ar ein hola ni.'

'Ond ma nhw ar ôl pobol fatha chdi a fi a Jacob.'

Edrychodd y ddau ohonon ni ar y bychan wedyn, oedd yn chwarae efo awyren fach blastig, ei feddwl yn yr wybren.

'Paid â deud petha fel 'na,' rhybuddiodd Kate.

'Ma pobol yn dod i Lanbedr i ddysgu sut i ladd pobol o

bell. A rwla, ma 'na ysgolion yn dysgu pobol eraill i neud yn union yr un fath i ni.'

''Sa ddim byd fedran ni wneud...'

'Does 'na'm peilot, hyd yn oed. Dim cydwybod y tu ôl i'r llyw.'

Ysgydwodd Kate ei phen.

Mi es i â Jacob am dro wedyn a hithau'n fore braf rhwng gwanwyn a haf, ac arogl gwyddfid yn melysu'r llwybr. Roedd fy mab yn ddigon ifanc i sylwi ar bob dim – buwch goch gota yn gorffwys ar ganol melyn llygad y dydd; bysedd y cŵn yn chwifio yn yr awel; chwilen yn croesi'r llwybr, yn ddu ac yn sgleiniog fel bom.

'Dad, Dad! Eroplên!' Neidiodd Jacob ac ymestynnodd ei freichiau i mi ei godi. Roedd o'n ysgafn ac yn boeth, a'i lygaid bychain yn pefrio wrth weld yr awyren lwyd yn hedfan uwchben. Cododd Jacob ei awyren fach blastig yntau er mwyn ei dangos i fol y peiriant pell. Chwifiodd ei law arall. 'Codi llaw ar y peilot. Jacob yn codi llaw.'

Sylwodd o ddim wedi hynny ar y blodau ar y llwybr. Hoeliodd ei sylw ar yr awyren blastig yn ei law, yn torri aer poeth y bore â'i hadenydd. A'r sŵn, wrth gwrs – drôn diddiwedd yn codi o enau fy mab, ac yntau heb ofn yn y byd.

Traeth Gaza

Gorffennaf 2014

Ar 8 Gorffennaf 2014 ymosododd Israel ar Lain Gaza. Yn y rhyfel lladdwyd miloedd, y mwyafrif yn Balestiniaid.

Roedd e fel hafau fy mhlentyndod, a dyddiau crasboeth yn bosibiliadau o'r bore bach tan y machlud. Roedd Dan ar drothwy ffarwelio â'i blentyndod a chael ochenaid rhwng yr ysgol fach a'r ysgol fawr. Cynigiai'r tywydd caredig wythnosau o ddathlu teilwng, hwyl fawr bywiog i fachgendod fy mab.

Un prynhawn, a'r aer yn drwch o wres, aeth Dan a minnau a thri o'i ffrindiau i'r traeth, a chist y car yn llawn caniau diod a brechdanau, peli a ffrisbis. Eisteddais dan fy nghap drwy'r dydd, chwys yn trio golchi'r eli haul oddi ar fy nghroen llithrig. Gwyliais y bechgyn yn nofio, chwarae pêl-droed a chwerthin gan adael hoel traed yn aur y tywod.

Agorais fy mhapur o'i blygion, a'i daenu dros y tywod.

Israel a Gaza, yn y newyddion unwaith eto. Doeddwn i ddim yn deall y manylion. Darllenais yr hanes yn frysiog, ond roedd hi fel petai'r un stori'n cael ei hailgylchu bob yn ail wythnos, a dim byd ond rhif y meirwon yn newid. Rhyfel rhywun arall. Cyfrifoldeb rhywun arall.

Ac yna, llyncodd fy llygaid stori am bedwar o fechgyn ar draeth Gaza, a hanes y bom a ffrwydrodd yn eu hymyl. Medrwn weld y lliwiau y tu ôl i'r print du a gwyn: coesau cryfion yn rhedeg i ffwrdd, ac ail fom yn plymio fel gwylan i'w canol nhw gan roi taw ar y chwarae. Dychmygais y tawelwch ar ôl y ffrwydrad, ochenaid brudd y llanw wrth lyfu hoel traed y bechgyn. Byddai'r tywod yn amsugno'r gwaed, a natur y traeth yn cuddio'r dystiolaeth. Byddai dynion yn dweud bod rheolau rhyfel yn caniatáu hyn, a natur ddynol yn caniatáu anghofio.

Yma, yng Nghymru, ar fy nhraeth i, roedd y bechgyn yn taflu ffrisbi o'r naill i'r llall, gwalltiau yn dripian o ddŵr hallt, a phedair gwên ddibryder, ddi-fai yn saff mewn plentyndod.

Caeais y papur newydd, ond roedd y dŵr wedi codi o'r tywod i wlychu rhai o'r tudalennau brau, ac yn gwaedu'r geiriau i'w gilydd.

Guerre Paris

Tachwedd 2015

Ar 13 Tachwedd 2015, o ganlyniad i ffrwydro bomiau a saethu gan derfysgwyr, lladdwyd 130 o bobol ac anafwyd cannoedd yn rhagor yng nghanol Paris.

Guerre. War. Rhyfel. Mae'r gair yn dychryn Owen yn fwy nag unrhyw beth – yn fwy na'r lluniau erchyll ar y newyddion, sŵn ffrwydrad dros fonllefau gêm bêl-droed, delweddau o rieni dagreuol yn gosod blodau ar bafin oer, llwyd. Mae'r pethau hynny'n ddigon i'w gadw'n effro, yn sicr – ond y gair *guerre* a gaiff ei yngan yn gadarn o enau gwleidyddion sy'n gwneud i'w galon gyflymu. Mae Owen wedi gweld rhyfel. Weithiau, bydd yn deffro ynghanol y nos yn teimlo llwch gwlad arall yn drwchus yn ei ysgyfaint, yn bygwth ei fygu.

Ond rhyfel gwahanol ydi hwn.

Rhyfel cartref. Nid gwlad yn erbyn gwlad arall, na'r teimlad afreal o fynd mewn awyren i rywle pell, llychlyd a datrys problemau rhywun arall gyda drylliau a bomiau. Rhyfel yn erbyn y dyn drws nesaf ydi'r rhyfel newydd yma, a neb yn siŵr pwy yw'r gelyn. Merched mewn penwisgoedd? Dynion barfog? Mwslemiaid? Pawb nad ydyn nhw'n wyn?

A beth ydi'r arfau? Geiriau, yn finiog fel cyllyll i'w taflu at ddieithriaid ar y stryd? Dwrn fel grenêd i ganol wyneb rhywun sydd ar ei ffordd i'r mosg? Ynteu ydi rhyfel yn gallu bod yn fwy cynnil na hynny – ydi o'n ddigon i deimlo dicter ac ofn wrth weld rhywun yn yr un cerbyd â chi ar y Metro yn darllen llyfr mewn iaith dydych chi ddim yn ei dallt? Ydi o'n ddigon i wrthod rhoi caniatâd i'ch plant fentro allan i gyngerdd un nos Sadwrn, rhag ofn?

Mae strydoedd Paris yn edrych yn gyfarwydd i Owen, er na fuodd o yno erioed o'r blaen. Mewn byd sy'n teimlo mor fach, teimla Ffrainc fel cymydog agos – dim ond taith trên i ffwrdd, ac yn haws i'w chyrraedd o Gymru na Dundee neu Aberdeen. Wrth wylio'r newyddion, gall Owen glywed arogl y llwch lli sydd wedi'i daenu ar y strydoedd er mwyn amsugno'r gwaed. Mae o'n clywed sŵn y gynnau yn eiliadau tawelaf ei ddyddiau.

Ac mae Owen yn gwybod nad rhyfel Ffrainc yw hwn. Mae arno ofn y bydd y brwydro'n croesi'r culfor, a'r gwenwyn yn ffrwydro ar strydoedd Prydain. Ac wrth i gymydog droi yn erbyn cymydog, a duwiau'n rhwygo cymunedau yn lle eu trwsio, bydd Owen yn cofio nad oes posib ennill 'run rhyfel, na chyfiawnhau gweithred na gair o derfysg.

Orlando

Mehefin 2016

Mewn clwb nos i hoywon yn Orlando, Florida, saethodd Omar Mateen 49 yn farw ac anafu 53 arall.

Roedd Ryan wedi deffro'n gynnar y bore hwnnw. Gorweddai yn y gwely yn gwrando ar y bore'n llifo i mewn drwy'r ffenest agored – trydar yr adar mân, grwndi ambell gar, ac ochenaid y dŵr yn tasgu'n gawodydd o'r pibellau i'r lawntiau. Cyn bo hir, byddai'r plant drws nesaf yn codi ac yn chwerthin ac yn ffraeo yn yr ardd. Ond am nawr, dim ond synau diwrnod newydd oedd i'w clywed. Diwrnod newydd, ac anadl rhythmig Jonathan yn cysgu wrth ei ymyl.

Trodd Ryan i edrych ar ei gariad, a hwnnw ar goll mewn trwmgwsg. Roedd ganddo hanner gwên ar ei wyneb, fel petai wedi ymgolli mewn breuddwyd hafaidd, clên. Ymestynnodd Ryan ei law a mwytho grudd ei gariad yn ysgafn. Roedd croen Jonathan yn gynnes ac yn llyfn fel petalau blodyn ar ddiwrnod poeth, a phan agorodd ei lygaid a gwenu, blodeuodd rhywbeth yng nghalon Ryan. Doedd dim yn y byd yn fwy naturiol, yn fwy greddfol, na deffro yn ymyl y dyn yma bob bore.

Yn ddiweddarach, a'r dydd ar ei boethaf a bywyd go iawn wedi cymryd lle heddwch y bore bach, safodd y ddau gariad y tu allan i'r archfarchnad yn dadlau'n hwyliog dros y rhestr siopa. Yn ôl ei arfer, Jonathan oedd yr un i drio hudo Ryan ar gyfeiliorn melys, brasterog – gan geisio ychwanegu *donuts* a menyn cnau at y rhestr siopa. Chwarddodd Ryan, cyn sôn am y milltiroedd o redeg y byddai'n rhaid iddo'u gwneud i gael gwared ar y caloriau. Pwysodd draw i wasgu cusan sydyn ar wefusau meddal ei gariad. Câi'r ddadl barhau yn yr archfarchnad.

Diflannodd y ddau i berfeddion y siop.

Eisteddai dyn yn ei gar yn gwylio'r ddau gariad cyn iddo'u colli yn y siop. Roedd hi'n ferwedig heddiw, yntau'n chwysu, ond teimlai wres llawer poethach yn llosgi'n las y tu mewn iddo. Byddai ei dymer o'n ffrwtian ac yn byrlymu o hyd, yn rhywbeth digon gwenwynig i droi cusan yn bechod, a chariad yn afiechyd.

Blodeuodd rhywbeth ofnadwy yng nghalon y dyn. Ochneidiodd, a sychu'r chwys oddi ar ei dalcen. Roedd o'n casáu'r gwres, a gallai deimlo cur pen yn hel fel storm yn ei ben. Trodd ei feddwl at y gynnau oedd yn ei gwpwrdd o dan y grisiau gartref, a dychmygodd dwrw eu bwledi yn tawelu chwerthin y diwrnod braf. Byddai oerfel y metel yn siŵr o leddfu ychydig ar wres ei dymer.

Senedd-dy Glyndŵr

Medi 2015

Bu'r lle'n dawel am flynyddoedd.

Adeilad oer, llwyd oedd wedi sefyll yn llonydd wrth i Fachynlleth ddatblygu a thyfu o'i gwmpas. Ffenestri mawr yn sgleinio fel llygaid yn syllu ar y traffig yn gwibio, a'r bobol yn crwydro. Ar ddiwrnod marchnad, byddai'r fan fara neu'r dyn gwerthu sgidia yn codi eu stondin yng nghysgod Senedd-dy Glyndŵr, a byddai'r adeilad yn gwylio'r bobol yn prynu torth *granary* neu'n tyrchu yn y bocsys am bâr o sandalau, maint saith.

Weithiau, byddai'r drysau mawr trymion yn cael eu hagor ac un o stafelloedd y senedd-dy yn cael ei chynhesu gan ryw bwyllgor neu'i gilydd. Saesneg fyddai'n bownsio oddi ar gerrig mawrion y pared, cyn y ffarwél powld, 'It's freezing in here, shall we go for a pint?' Yna, byddai'r adeilad yn dywyll eto, a dim ond hen ysbrydion yn ystelcian yn y gwyll. Llonyddodd yr aer yn y stafelloedd mawrion, a'r llwch yn lluwchio ar loriau oedd yn llyfn dan hoel cymaint o draed oedd bellach wedi hen gerdded i ffwrdd.

Ac yna, un diwrnod, agorwyd y drysau gan bobol leol, a llifodd heulwen diwrnod newydd i mewn i Senedd-dy Glyndŵr a chynhesu'r cerrig llugoer. Tacluswyd y stafelloedd, cawsant eu peintio, eu goleuo. Gosodwyd lle tân a chegin a pheiriant coffi i chwydu stêm fel draig goch yn anadlu ei thân. Ac yn lle'r Saesneg yn ffrwydro oddi ar y waliau oer, suddodd côr o barabl Cymraeg i fêr esgyrn yr adeilad, a lleddfu holl boenau ei flynyddoedd coll. Yn sain y lleisiau llawen, a'r arogl coffi'n disodli'r arogl llwch, dychwelodd Senedd-dy Glyndŵr i fod yn rhan o Fachynlleth, yn rhan o'r gymuned.

Gwyddai ysbrydion y senedd-dy mai siopau a chaffis bach oedd maes y gad bellach. Cyllyll a ffyrc yn lle cleddyfau; cardiau cyfarch a chrysau-t yn lle cyflafan; geiriau Cymraeg yn lle rhethreg ryfelgar. O'u llecynnau cudd yn y muriau, gwyddai'r rhai anweledig a lechai yn y cysgodion mai mewn cymuned ac nid mewn senedd-dy y byddai arwyr yn brwydro bellach. Ac o, pethau tlws oedd brwydrau fel y rhain – criwiau o ffrindiau yn chwerthin wrth rannu cacen, neu grŵp o ddysgwyr Cymraeg yn cwrdd dros goffi bob bore Iau, neu ddau gariad yn dal llygaid a dal dwylo gan sibrwd pethau clên wrth ei gilydd yn Gymraeg.

Cofiwch...

Mehefin 2015

Maen nhw i gyd yn sôn am eu hadref hwy. Chwarae teg iddyn nhw. Pobol glên, yn trio unioni rhyw hen gam. Dwi'n eu clywed nhw ar y radio ac yn eu gweld nhw ar y teledu ac mewn lluniau yn y papurau. Mae'r llain o lôn ar fin yr argae bellach yn fan sanctaidd, bron. Weithiau, bydd pobol yn ymgasglu yno, yn areithio, yn canu.

Does dim un dydd yn mynd heibio pan na fydd rhywun yn sefyll ar y lan, ac yn syllu i mewn i'r dŵr, fel petaen nhw'n gweld hanes gwlad gyfan dan wyneb y tonnau bach llwyd. Mae Tryweryn yn rhan hollbwysig o'u stori nhw.

Ond adroddant stori wahanol i'm stori i. Maen nhw cofio am brotestio, ffrwydron, a chilio oddi yma. Cofio pobol yn Lerpwl yn poeri ar brotestwyr, a mudandod y rhai a ddylai fod wedi codi'u llais. Hunllef sŵn y peiriannau a sain gweiddi ac wylo.

95

A fi? Dwi'n cofio sŵn yr awel ar y ffridd ar bnawniau Sul ym mis Mai. Chwibanu ffermwr wrth hel defaid, a llafarganu plant drwy ffenest yr ysgol – un dau, dau; dau dau, pedwar; tri dau, chwech. Dafad yn brefu, ac adar mân y gwanwyn yn canu eu diolch i wres yr haul.

Dwi'n cofio hefyd y plant yn brownio'n araf ar ôl dyddiau o grwydro'r caeau yn hel grifft i botiau jam gwag. Dwi'n cofio 'Piawm! Piawm!' y gemau Cowbois ac Indians, ac wylofain babi bach yn crio drwy ffenest agored. Sŵn ffon hen ŵr wrth iddo gerdded yn ei blyg ar hyd hen lonydd cul ei blentyndod.

Dwi'n cofio dillad yn chwifio'n llachar ar y lein, ac arogl polish ar sêt fawr y capel. Torth gartref yn oeri ar sil ffenest, a hen wraig yn sgubo'r llwch allan drwy ddrws y cefn. Cath fach ddu a gwyn yn trio dal iâr fach yr haf.

Hefyd, bryd hynny, afon oedd Tryweryn, nid symbol, a dwi'n cofio'i siffrwd tawel wrth iddi grwydro drwy'r cwm. Mae sŵn dŵr yn dlws ac yn fythol bresennol yng Nghapel Celyn fy atgofion.

Maen nhw'n cofio Tryweryn, yn cofio'r llyn llonydd a'r golled. Dwi'n dewis peidio cofio Tryweryn a chofio am Gapel Celyn. Arogl y gwyddfid yn y perthi, sŵn canu yn y capel, a dim arwydd o fygythiad yn sglein yr afon.

Trychineb Dolgarrog

Tachwedd 2015

Yn Nhachwedd 1925, methodd argae uwchben pentref Dolgarrog â dal y dyfroedd oddi mewn iddo. Llifodd miliynau o alwyni o ddŵr i lawr dros y pentref a lladd 16 o'r trigolion.

Ychydig iawn a gofiai Miriam am ei nain, ond roedd yr ychydig atgofion oedd ganddi yn llachar ac yn glir. Arogl lafant ar y dillad gwely; gwallt gwyn, mor feddal â gwlân, yn belen ar gefn ei phen; y pridd o dan ei hewinedd sgwâr, taclus. Roedd ei thŷ bychan yn Nolgarrog fel petai'n dal llygad yr haul bob amser, fel petai goleuni'n llifo i mewn drwy'r ffenestri bychain ar bob un atgof, yn ei goleuo fel angel.

Ond roedd 'na un atgof tywyll.

Roedd Miriam tua deng mlwydd oed, ac wedi dod i aros at Nain yn Nolgarrog yn ystod gwyliau'r haf. Doedd dim ots ganddi fod oddi cartref – câi ei sbwylio gan Nain, a'r ddwy'n treulio dyddiau yn hel llus neu'n pobi.

Ar y diwrnod arbennig hwnnw, roedd y ddwy wedi bod yn tynnu'r pennau oddi ar y lafant yn yr ardd ac yn gwnïo'r blodau bach porffor i mewn i glustogau bach blodeuog. Byddai'r rheiny wedyn yn cael eu cadw mewn droriau, yng ngwaelod y wardrob ac ym mhlygion y cynfasau yn y cwpwrdd crasu, er mwyn i arogl yr haf godi o bob dilledyn, hyd yn oed yng nghanol llymder y gaeaf. Pan ddeffrodd Miriam ym mherfedd y nos, roedd arogl y lafant yn dal yn drwchus ar ei bysedd. Y storm oedd wedi'i deffro, taranau bygythiol yn y pellter a fflachiadau yn goleuo'r crac yn y llenni.

Cododd Miriam, a mynd i lofft Nain er mwyn cael cysur. Synnodd weld Nain yn eistedd yn gefnsyth yn ei gwely, ei hwyneb yn welw a'i llygaid yn llydan. Roedd arni ofn. Taflodd y blancedi yn ôl pan welodd Miriam. 'Tyrd i mewn, fy mach i. Dydw i ddim yn licio t'ranau.'

Ac yn nhywyllwch y storm, y ddwy ym mreichiau ei gilydd ac arogl lafant yn gwrlid amdanynt, esboniodd Nain nad ofni'r storm roedd hi, ond ofni'r atgof – y sŵn, mor debyg i daran, y dŵr yn rhuo'i ffordd tuag at y pentref ar ôl i'r argae dorri. Fel taran, meddai Nain, ond un ddiddiwedd, sŵn oedd yn codi'n uwch ac yn uwch wrth ddod yn nes ac yn nes. Yng ngaeaf ei dyddiau, roedd taran hen don ffyrnig ei phlentyndod yn ei chadw'n effro yn oriau duaf y nos.

Tanchwa Gresffordd

Medi 2014

Bu tanchwa ym mhwll glo Gresffordd ar 22 Medi 1934. Cafodd 266 o lowyr eu lladd a dim ond cyrff 11 o'r meirw y llwyddwyd i ddod o hyd iddynt.

Dim ond y plant oedd yn cofio.

Wel, na, roedd hynny'n annheg. Bob blwyddyn, câi blodau eu gosod er cof am yr holl fywydau a gollwyd, a chynhelid gwasanaeth coffa yn y capel neu'r eglwys. Byddai'r henoed yn cael esgus i adrodd yr hanes – 'Ro'n i'n chwech oed, ac roedd Dad wedi cychwyn am ei waith yn gynnar, fel arfer...' Ond doedd dim llawer ar ôl bellach a gofiai fel y bu pethau go iawn. Stori i'w darllen mewn llyfrau oedd hi bellach, dyletswydd flynyddol o gofio rhywbeth nad oedd fawr neb yn ei gofio go iawn.

Ond fyddai'r plant byth yn anghofio.

'Fetia i na wnei di'm sefyll wrth y siafft am hanner awr ar ôl iddi nosi.'

'Dwi'n dêrio chdi i fynd yna ar dy ben dy hun, heb dortsh.'

A'r gorau a'r gwaethaf o'r cyfan oedd y straeon arswyd a fynnai ddilyn y trychineb. Gwirionai'r plant ar ddychryn ei gilydd, gan wybod mor anodd oedd cysgu ar ôl clywed stori dda. Hanes ysbryd yn cerdded o un pen i Resffordd i'r llall yng nghanol nos, yn trio ffeindio'i ffordd adref. Sibrydion am bethau'n mynd ar goll, celfi'n symud, trugareddau'n syrthio ar Fedi'r 22ain bob blwyddyn. Ond y gwaethaf oll, yr hen chwedl ddychrynllyd.

'Rydw i wedi'i glywed o fy hun,' meddai Dewi yn ddiffuant. Syllai ar Aaron, yn crefu am gael ei goelio. 'Y sgrechian yn dod o dan y ddaear. Ma'r rhan fwyaf o'r dynion yn dal yna...' Am fachgen deuddeg oed, roedd gan Dewi lawer iawn o brofiad o ysbrydion.

Doedd Aaron ddim yn credu, wrth gwrs, ond eto doedd cerdded adref yn y gwyll ddim yn hawdd. Dychmygodd yr ysbrydion – dynion niwl, du a gwyn.

Ac yna, stopiodd Aaron yn stond.

Ar y stryd, roedd dyn yn mynd â'i gi am dro; bachgen bach yn rhedeg adref; criw o ddynion ifanc yn smocio ar fainc. Fel y byddai'r dynion o dan y ddaear, sylweddolodd Aaron. Dim ysbrydion brawychus, na hen leisiau. Pobol go iawn. Dynion, fel Dad ac Yncl Meirion a Mr Francis dros y ffordd. Ac er na fyddai ar Aaron ofn yr ysbrydion byth eto, daeth rhywbeth gwaeth na hynny yn ei le – distawrwydd a llonyddwch, a'r lofa mor dawel â'r bedd.

Cyn-Brif Weinidog Japan ym Môn

Mawrth 2015

Cafwyd trychineb yn dilyn daeargryn yng Ngorsaf Niwclear Fukushima ar 11 Mawrth 2011. Gollyngwyd deunydd ymbelydrol o'r orsaf a chafodd ardal eang yn Japan ei heintio a hynny am 300 mlynedd. Bu'n rhaid i 164,000 o drigolion adael eu cartrefi.

Doedd Glyn ddim yn gweld unrhyw bwrpas mewn protestio. A dweud y gwir, roedd gweld y weithred ei hun yn ddigon i fynd ar ei nerfau – criw o hipis yn dal baneri blêr, yn llafarganu fel petaen nhw ar lwyfan Pafiliwn Môn ac nid y tu allan i'r Wylfa. Oedden nhw wir yn meddwl eu bod nhw'n mynd i newid pethau? Bod 'na wleidydd pwysig yn mynd i newid ei feddwl ar sail eu protestiadau hwy? Na, roedd y rheiny yn eu swyddfeydd cynnes yn cyfri eu pres. Be wnaeth i'r bobol hyn feddwl bod eu safbwynt hwy'n bwysig?

Wrth fynd â'r ci am dro, ystyriodd Glyn newid y llwybr y byddai'n mynd ar hyd-ddo fel arfer. Er mwyn osgoi'r protestwyr roedd yn fodlon dewis llwybr arall, ond byddai hynny'n golygu ildio iddyn nhw, a doedd o ddim yn fodlon gwneud hynny. Roedd Bobi'r corgi yn licio trefn, a ddylai'r ci bach ffyddlon ddim gorfod dioddef am fod criw o bobol hunanbwysig, dosbarth canol wedi penderfynu creu twrw.

Er mai digon llwyd oedd hi'r diwrnod hwnnw, gallai Glyn synhwyro'r gwanwyn yn yr awel. Roedd Bobi'n sionc, hefyd, ac yn tynnu ar ei dennyn, yn sniffian blagur y cennin Pedr oedd wedi gwthio'u ffordd drwy'r ddaear. Stopiodd Glyn am ychydig wrth i'r ci fwynhau rhyw arogl newydd yn y gwair. Syllodd draw at y môr, ar y tonnau bychain oedd yn newid bob dydd; y glas, yn amhosib o lachar; y dŵr diddiwedd.

Dyna pryd y pasiodd y ceir.

Chwech neu saith ohonyn nhw, yn dywyll a sgleiniog, a'r ffenestri wedi'u duo. Gwyddai Glyn yn iawn pwy oedd yno – roedd o wedi clywed yr hanes ar y radio. Daeth cyn-Brif Weinidog Japan i gefnogi'r protestwyr ac i rybuddio Môn rhag creu Fukushima newydd. Roedd yr holl beth yn ddigon i wneud i Glyn anghofio am dlysni'r môr a'r cennin Pedr. Byddai o wedi hoffi anfon yn hen ŵr o Japan i weld y criwiau o hogiau di-waith yn stwna ar strydoedd Amlwch, yr hogiau oedd *angen* yr Wylfa Newydd.

Ac eto...

Cerddodd Glyn adref gan drio anwybyddu'r delweddau oedd yn mynnu eu ffordd i'w feddwl fel cennin Pedr yn treiddio drwy bridd. Oedd 'na flodau bach yn tyfu yn Fukushima rŵan, a neb yno i'w gweld nhw? Oedd 'na lwybrau anghofiedig lle'r arferai hen ddynion gerdded efo'u cŵn? Oedd 'na bobol fel fo wedi troedio ar hyd llwybrau Fukushima, pobol oedd wedi gamblo'u tir am swyddi dan orwel llwyd?

Tân gwyllt Nice

Awst 2016

Bu ymosodiad terfysgol yn Nice, Ffrainc, yn ystod dathliadau Diwrnod Bastille. Ar y diwrnod hwn bydd Ffrancwyr yn dathlu 'rhyddid, cydraddoldeb a brawdgarwch'.

Heblaw am fy mhen-blwydd a'r Nadolig, heddiw ydi'r diwrnod gorau erioed. Ar fy mhen-blwydd, dim ond fi sy'n cael y sylw, ac mae'r Nadolig yn ddathliad i bawb er nad ydan ni'n mynd allan, gan fodloni aros yn y tŷ. Ond mae heddiw yn ddathliad i bawb, fel y Nadolig, heblaw fod pawb ar y strydoedd yn mwynhau efo'i gilydd. Dyna pam ei fod o'n hwyl – am fod pawb yr un fath, ac yn hapus.

Roedd Dad wedi bod i'r siop yn gynnar i nôl brecwast i ni – *croissant* yr un iddo fo a Mam, a *pain au chocolat* i mi. Ar ôl gofyn pam ro'n i'n cael *pain au chocolat* yn lle Coco Pops fel dwi'n ei gael bob bore arall, esboniodd Mam fod heddiw'n ddiwrnod i ni wneud pethau traddodiadol Ffrengig. Pethau fel bwyta *croissants* a gwisgo *berets* a smocio sigaréts. Mi ges i fraw wedyn, achos dwi'n gwybod mor ddrwg ydi sigaréts i iechyd pobol, ond chwerthin wnaeth Mam a Dad a dweud ein bod ni'n mynd i anwybyddu'r darn yna. Dwi'n gofyn, 'Pwy sy'n penderfynu pa fath o betha sy'n Ffrengig?' ond dydi Mam na Dad ddim yn gallu ateb.

Wedyn, mi gawson ni aros yn ein pyjamas a gwylio cartŵns tan amser cinio, achos ar Ddiwrnod Bastille does 'na ddim ysgol na gwaith ac mae pawb yn gorfod mwynhau eu hunain. Cyn i ni fynd allan yn y pnawn i weld y parêd, mi wnaeth y tri ohonon ni – fi a Mam a Dad – benderfynu efo'n gilydd beth i'w wisgo. Roedd gan Mam ffrog goch, ac roedd gan Dad drowsus a chrys glas, felly mi wnes i wisgo crys-t a siorts gwyn. Wrth i ni sefyll efo'n gilydd, roedden ni'n edrych fel baner Ffrainc. Fi oedd yn y canol.

Ar ôl iddi nosi, bydda i, Mam a Dad yn mynd i wylio'r tân gwyllt. A dyna pryd dwi'n penderfynu mai heblaw am fy mhen-blwydd a'r Nadolig, Diwrnod Bastille ydi fy hoff ddiwrnod i. Achos mae popeth yn well pan fydd pobol yn dathlu efo'i gilydd ar y strydoedd.

Mae rhyw ddyn yn y dorf yn gweiddi *Liberté, égalité, fraternité* – a dwi'n gweiddi yn ôl, 'Fraternité!' Mae Dad yn edrych i lawr arna i ac yn gwenu, a 'dan ni'n troi ein sylw yn ôl at y tân gwyllt, sy'n blodeuo yn y düwch uwch ein pennau.

Ysgol Gynradd Llangennech

Ionawr 2017
Penderfynodd Pwyllgor Addysg Sir Gaerfyrddin mai ysgol Gymraeg fyddai Ysgol Gynradd Llangennech ym Medi 2017. Eisoes mae 80% o'i disgyblion yn derbyn eu haddysg drwy gyfrwng y Gymraeg.

Mae smwclaw y Mis Bach yn poeri ar y criw, y dafnau'n fach ac yn oer. Mae Lesley'n falch o'i chôt Barbour heddiw. Mae'r bobol o'i chwmpas yn cynnal mân sgyrsiau am bêl-droed, y tywydd a Netflix, a'r ffotograffwyr yn paratoi i saethu. Saesneg mae pawb yn ei siarad, wrth gwrs – ac mae hynny'n dweud cyfrolau, meddylia Lesley.

Peidiwch â chamddeall. Dydi Lesley ddim *yn erbyn* yr iaith Gymraeg. Bobol bach, nag ydi, dim o gwbl. A dweud y gwir, mae hi wedi bod yn amyneddgar iawn efo'r holl achos. Mae hi'n hoffi'r syniad o ddysgu ail iaith i'r plant – ond iaith ddefnyddiol fel Ffrangeg neu Sbaeneg. Addysg Gymraeg...? Wel, mae hynny'n ormod.

Eisiau'r addysg orau i'w phlant mae Lesley, fel mae hi wedi dweud ganwaith.

Mae hi'n ciledrych ar Neil a Christine yn sgwrsio gyda rhai o'r criw. Maen nhw'n dalach nag roedd hi wedi'u dychmygu, a'r ddau yn berchen ar y math o leisiau Seisnig crand sydd yn torri fel llafn drwy leisiau'r Cymry. Dydi Lesley ddim wedi bod mor ffodus â chwrdd â phobol enwog o'r blaen, a chaiff ei chyfareddu gan yr awyrgylch sy'n eu dilyn hwy.

Mae'r ffotograffwyr yn gofyn i bawb glosio at ei gilydd gan edrych ar y camera. Dim ond hanner gwrando ar y sgwrs mae Lesley, a dim ond geiriau unigol sy'n cyrraedd ei meddwl – *Welsh, apartheid* a *human rights*. Mae'n gwenu ar y camera, a'i daliadau yn ei chadw'n gynnes yn oerfel ei bro.

Hiliaeth ydi o yn y bôn, waeth beth mae unrhyw un yn ei ddweud. Hiliaeth yn erbyn y Saeson. Dim hyd yn oed hynny, a dweud y gwir – yn erbyn yr iaith Saesneg, yn erbyn geiriau. Yn erbyn popeth sydd yn draddodiadol – Shakespeare, Vera Lynn a *Coronation Street*.

'Look sad!' galwa'r ffotograffydd. Mae Lesley'n ufuddhau ac yn crychu ei thalcen, ac yn ceisio dychmygu sut bydd y lluniau yn edrych yn y papurau newydd ac ar y we. Hi a'i chriw, dioddefwyr hiliaeth gan yr hen Gymry chwerw, cegog.

'Cwtch up a bit,' gofynna'r ffotograffydd, ac mae'r criw yn closio at ei gilydd. Gall Lesley deimlo gwres eu cyrff yn oerfel brathog Cymru, ac mae'n falch ei bod hi'n gwneud yr hyn sy'n teimlo'n iawn. Brwydro. Taro 'nôl. Sefyll gyda phobol onest a da fel Neil a Christine Hamilton, a thynnu wyneb trist i'r camera. Sefyll gydag aelodau UKIP yn erbyn gwenwyn hiliaeth.

Rio

Awst 2016

Yn Awst 2016 cynhaliwyd y Gemau Olympaidd yn Rio de Janeiro ym Mrasil.

Rhedeg oedd y cyfan y gallai Dan ei wneud.

Doedd e ddim fel Hayley, ei chwaer. Gweithio ar un o'r cownteri colur yn y dref roedd hi, a dod adref 'da'i cheg yn goch fel briw, a'i dillad yn drewi o bersawrau drud. Byddai hi wedi gallu mynd i'r brifysgol, meddai ei mam, pe na bai hi wedi bod mor *cheeky* gyda'r athrawon nac wedi siarad gymaint yn y dosbarth. Roedd Hayley yn ocê, whare teg. Ond nid fel Dan chwaith, oherwydd byddai hi gyda'i ffrindiau o hyd, yn mynd mas, yn siarad ar y ffôn ac yn tecsto.

Fyddai Dan byth yn mynd mas gyda'i ffrindiau. Doedd ganddo neb i'w decsto, ac roedd e'n rhy swil ac yn rhy salw i weithio mewn siop lle byddai rhaid iddo siarad gyda phobol drwy'r dydd. Doedd ganddo ddim byd i'w gynnig i'r byd, fe wyddai hynny – dim clyfrwch, na jôcs doniol, nac wyneb golygus.

Ond gallai redeg.

Doedd dim angen darllen llyfr i wybod sut i redeg. Doedd

dim angen ei astudio fel pwnc mewn dosbarth, na mynd i brifysgol. Gallai redeg heb orfod siarad â neb, heb orfod dal llygad unrhyw un, heb orfod esgus ei fod e'n rhywun arall. Doedd rhedeg ddim yn gofyn iddo beth gafodd e yn ei TGAU Maths, na faint o ffrindiau oedd gyda fe ar Facebook. Ac yn bwysicach na'r pethau hyn i gyd, efallai, byddai rhedeg yn ei gario fe i ffwrdd i rywle arall. O ganol strydoedd i ganol caeau lle roedd nefoedd – a nefoedd oedd bod ar ei ben ei hunan.

'Hei, Danny,' meddai Hayley un prynhawn ar ôl dychwelyd adref o'r gwaith. Roedd hi'n bwyta tost wrth wylio'r teledu, jam a menyn cnau yn drwch ar y bara gwyn, a'r briwsion yn syrthio'n llwch ar ei dillad gwaith du. 'Ma'r rhain yn debyg i ti.'

Trodd Dan at y sgrin. Roedd hi'n gwylio'r Gemau Olympaidd. Byddai Dan yn troi ei drwyn fel rheol, yn casáu'r rheidrwydd i gefnogi tîm pan fyddai'n well ganddo fod ar ei ben ei hun, ond gwyliodd am ennyd. Roedd y dynion yn rhedeg, yn rhedeg o gwmpas y trac, a chymeradwyaeth y dorf yn fyddarol. Swynwyd Dan yn llwyr.

'Ti'n well na nhw, Dan,' meddai Hayley yn freuddwydiol, ei cheg yn llawn o dost. 'Ma nhw'n mynd mewn cylchoedd. Ond ti'n mynd mas i lefydd diddorol yng nghanol y wlad.'

DIODDEFAINT

Benefits Street

Ionawr 2014

Roedd y newyddion yn llawn cynddaredd am raglen deledu newydd, Benefits Street, *rhaglen yn dangos pobol yn byw yn fras ar fudd-daliadau. Cyhuddwyd cynhyrchwyr y rhaglen o gyflwyno delwedd gamarweiniol o bobol sy'n byw mewn tlodi.*

Pecyn o basta sych – 57c. Tun o domatos – 48c. Byddan nhw'n gwneud yn iawn gogyfer â swper nos Lun, penderfynodd Gerallt, gan eu gosod yn y troli cyn troi at y tuniau eraill.

'Welist ti *Benefits Street* ar y bocs neithiwr? Yfad a smocio a chymryd drygs a ballu!'

Ysgydwodd y ddynes ei phen wrth iddi lwytho'r pecynnau o Uncle Ben's Microwaveable Rice a'u gosod mewn rhesi ar y silff, ei gwisg waith yn dynn amdani. Edrychodd Gerallt arni mewn syndod, ond nid gydag ef roedd hi'n siarad, diolch byth.

Dau dun o ffa pob i'r troli – 60c. Dyna swper nos Fawrth.

'Do... Faswn i'n methu fforddio yfad fel 'na! 'Swn i well off ar *benefits* na'n slafio bob awr yn y lle 'ma,' atebodd ei chyd-weithiwr, dyn ifanc oedd yn gosod poteli o Blue Dragon Oyster Sauce yn eu lle.

'A be sy'n fy nghael i ydi ma'n trethi ni sy'n talu amdanyn nhw! Cwilydd arnyn nhw...'

Value Condensed Mushroom Soup. 89c. Dyna nos Fercher.

Cerddodd Gerallt yn araf o amgylch y siop, yn trio peidio â gadael i'r sgwrs rhwng y ddau weithiwr yn yr archfarchnad ddisodli'r syms a wnâi yn ei ben. Dim ond rhaglen wirion oedd hi. Pethau byrhoedlog oedd y rheiny... Buan byddai pobol yn anghofio...

Pitsa o'r rhewgell – £1. Byddai'n gwneud yn iawn ar gyfer nos Iau, er y byddai'r plant yn siŵr o gwyno mai dim ond caws a thomato oedd ar ei ben o.

Dau becyn o nwdls pum munud – BOGOF, 60c. Nos Wener. Byddai hynny'n ddigon am rŵan.

Wrth droi trwyn y troli am y tils, pwyllodd Gerallt am ennyd ger y cwrw. Un botelaid fach o Guinness, dyna i gyd. Rhywbeth i'w sipian ar nos Wener, i'w rannu efo'r misus ar ôl i'r plant gael eu hel i'r gwely. Roedd un botelaid yn costio dwy bunt ac aeth Gerallt at y til heb ei gwrw.

Lle roedd y bobol oedd yn medru byw yn fras ar gardod y wlad? meddyliodd Gerallt wrth bacio'i fwyd. Bodoli roedden nhw mewn rhaglenni teledu ac ar dudalennau'r *Daily Mail*. Y cyfan a welai Gerallt oedd pobol fel fo – heb waith, a heb obaith am waith. Yn anfon eu plant i'w gwlâu mewn hetiau a siwmperi am fod nwy yn rhy ddrud. Yn bwyta unwaith y dydd er mwyn i weddill y teulu gael tri phryd beunyddiol. Tynnodd Gerallt ei het yn dynn am ei ben cyn gadael yr archfarchnad a throi am adref i gyfeiriad Benefits Street.

90 oed

Ebrill 2016
Dathlodd y Frenhines ei phen-blwydd yn 90 oed gyda phasiant mawr yn llawn enwogion, a gafodd ei ddarlledu'n fyw ar y teledu.

Roedd hi wedi anghofio, i ddechrau, ei fod o'n ddiwrnod mawr. Fel 'na roedd y boreau, wedi mynd – hen niwl yn setlo o gwmpas ei meddwl gyda'r nos, a dryswch am awr neu ddwy wedi iddi ddeffro. Roedd hi wedi mynd i'r arfer o groesi'r dyddiau oddi ar y calendr ar ddiwedd pob diwrnod, X fawr drwy'r rhif gyda'r hen ffelt pen bingo, er mwyn iddi allu gweld yn glir lle'r oedd hi, neu pryd oedd hi.

Y bore hwnnw, wrth iddi aros i'r te fwydo yn y pot cyn ei phaned gyntaf, edrychodd Bet i fyny ar ei chalendr a gweld y dyddiad, yr 21ain o Ebrill.

'Wannwyl, meddyliodd Bet. Rydw i'n naw deg heddiw. Doedd hi ddim yn teimlo mor hen â hynny, ond wedyn, mae'n siŵr na fydd unrhyw un yn teimlo'n hen, ddim go iawn.

Roedd 'na law yn gwneud patrymau tlws ar wydr y ffenest, a swatiodd Bet o dan ei blancedi ar y gadair wrth iddi sipian ei the.

Llithrodd yr oriau ymaith mewn gwledd aflafar o deledu uchel a phaneidiau. Doedd y tŷ hwn byth yn cynhesu rhyw lawer – doedd o ddim yn cael haul – ond feiddiai Bet ddim gwresogi'r tŷ. Byddai'r oerfel yn teimlo gymaint yn waeth bore fory petai hi'n caniatáu cynhesrwydd iddi hi ei hun heddiw.

I ginio, cafodd Bet gawl llysiau o dun ac un darn o fara menyn. Yn y prynhawn, cysgodd am ychydig yn ei chadair, a'r teledu'n mwmial ei dwrw cysurlon yn y gornel. Pan ddeffrodd drachefn, cofiodd ei bod hi'n ddiwrnod arbennig, ond methodd â chofio pam am ychydig – wedi'r cyfan, roedd pob dim yn edrych fel pob diwrnod arall. Yna, cofiodd Bet am ei phen-blwydd mawr, a gadawodd iddi hi ei hun ddychmygu'r diwrnod hwn naw deg mlynedd yn ôl, a'i mam yn ei chodi i'w breichiau, yn gwenu arni am y tro cyntaf. Yn ddiweddarach, wrth gwrs, clywsai pobol am enedigaeth y Dywysoges Elizabeth ar yr un diwrnod – ond am ychydig oriau, ym mreichiau ei mam, Bet oedd y babi bach pwysicaf yn y byd.

Aeth y diwrnod heibio fel pob diwrnod arall – brechdan i

swper, potel ddŵr poeth yn y gwely, a gwylio'r teledu bach yn y tywyllwch, am nad ydi tawelwch yn gwmpeini. Dyna oedd dathliad pen-blwydd Bet yn naw deg oed, yn ei phalas bach ynghanol y teras, a'r lluniau ar y teledu yn lliwgar fel gemau'r *crown jewels* yn ei chartref bach oerllyd.

£369 miliwn ar Balas Buckingham

Tachwedd 2016

Ar 18 Tachwedd 2016 penderfynwyd gwario £369 miliwn i adnewyddu Palas Buckingham mewn cyfnod o doriadau gan y Llywodraeth.

'Wi'n casglu'r llestri, chi'n gweld. Ers blynyddoedd, nawr. Wnes i ddim meddwl dechrau casgliad, ond roedd Mam yn gwneud, ac ar ôl iddi farw, fi gafodd y cwpwrdd mahogani gyda'r gwydr i gyd, a phopeth oedd ynddo fe. Ac am fod e'n llawn llestri brenhinol, wel, roedd e'n gwneud sens i gario mla'n 'da'r casgliad.

Plât i ddathlu priodas y Frenhines a Prince Philip yw'r darn cynharaf sydd gyda fi, a mŷg gyda llun Princess Charlotte yw'r mwyaf diweddar. So i'n eu defnyddio nhw, wrth gwrs, ond weithie dwi'n hoffi tynnu nhw mas o'r cwpwrdd a'u teimlo nhw yn fy nwylo, y porslen delicet a'r lliwiau bywiog. 'Wi'n bwyta 'mwyd o blatiau gwyn, plaen, ac yn yfed fy nhe mas o fŷg glas. So i'n trysto fy hunan 'da llestri brau brenhinol. Maen nhw'n rhy dda i fi.

Roedd rhaid i fi symud y cwpwrdd mahogoni ar ddechre'r mis. Wel, nid fi – 'wi bron yn wyth deg nawr, a so i'n galler symud pethe mawr fel 'na. Y bachgen lan stâr symudodd e i fi, whare teg iddo fe.

'Chi 'di gweud wrth y cownsil am hyn, Beti?' gofynnodd e wrth edrych ar y cysgod mawr du oedd yn lledaenu dros y wal y tu ôl i'r cwpwrdd. 'Dyw damprwydd fel hyn ddim yn dda i'ch *chest* chi.'

'Do, do. Bydda i'n eu ffono nhw ambell waith. Ond ma nhw'n brysur, chi'n gweld.'

Symudodd y cwpwrdd draw wrth ymyl y teledu, ymhell o'r lleithder du ar y wal. Doeddwn i ddim am i'r mahogani ddechre mynd yn damp. Dim ar ôl i Mam edrych ar ei ôl e mor dda.

'Ma ddi'n *freezing* 'ma, Beti,' meddai wedyn.

'O, dim ots 'da fi. 'Wi'n defnyddio blancedi.'

Edrychodd i lawr am ychydig, yn meddwl am beth i'w weud. Ro'n i'n gweddïo na fydde fe'n cynnig, ond mae e'n rhy dda i beido.

'Os chi isie arian ar gyfer y *meter*, Beti...'

'Paid, nawr...'

Edrychodd ar yr het ar fy mhen, ar y menig ar fy nwylo cam, ar y stêm oedd yn rhubanu mas o 'ngheg wrth i fi siarad.

Roeddwn i'n gwybod beth oedd e'n gweld. Ac yn gwybod beth oedd e'n 'i feddwl.

'Wi'n credu bod y cwpwrdd mahogani yn edrych yn well wrth y teledu. 'Wi'n gweld y llestri'n well nawr. Pan fydda i'n o'r neu'n llwglyd, mae edrych ar liwie byw y llestri yn ddigon i wneud i fi deimlo'n well.

8,000 o dai i Wynedd

Ebrill 2014

Yng Nghynllun Datblygu Lleol 2014, gwelwyd bod bwriad i godi 8,000 o dai yng Ngwynedd a Môn. Cafwyd gwrthwynebiad gan lawer.

Gan fod Moi yn gwirioni ar beiriannau, fedrwn i ddim peidio mynd â fo i weld. Ei air cyntaf, cyn Mam neu Dad hyd yn oed, oedd car – 'Caaa'. Roedd y gair yn swnio mor dlws o'i enau bach o, yn rhy dlws i ddisgrifio rhywbeth mor fecanyddol, mor oer.

Roedd o'n hŷn rŵan, ac wedi dyrchafu ei ddiddordebau i gynnwys unrhyw beth oedd ag injan. Felly pan ddechreuodd y gwaith ar y stad newydd, fedrwn i ddim peidio mynd â fo i weld yr adeiladwyr wrth eu gwaith.

'Yli, Mam, Jac Codi Baw!' Pwyntiodd drwy'r ffens, ei fochau'n gwrido gyda chyffro. 'A *digger*!'

'Palwr,' cywirais, gan edrych ar seiliau'r tai newydd yn sgwariau mawr fel bwrdd gwyddbwyll yn y cae. Ugain o dai. Tai mawrion, hefyd, a byddai'r gerddi o faint go lew.

'Be ma nhw'n neud?' gofynnodd Moi.

'Adeiladu tai.'

'Gawn ni brynu un?'

Ochneidiais. 'Na chawn, pwt. Ma nhw'n rhy ddrud.'

Roedd y tŷ rhent yn iawn, yn ddigon cynnes ac yn agos at yr ysgol feithrin. Doeddwn i heb gwrdd â'r landlord – boi o ochrau Caer oedd o – ond roedd o wastad yn dda am anfon rhywun draw i fendio'r boilar neu drwsio'r peiriant golchi.

Ac eto...

Mi liciwn i fod wedi medru prynu un o'r tai newydd. Byddai ambell 'dŷ fforddiadwy' yn eu plith, yn ôl y sôn, ond

wyddwn i ddim am unrhyw un oedd yn medru fforddio dros
gan mil. Crafu byw oedd pawb fel fi. Yr holl rieni wrth giât
yr ysgol feithrin – rhentu'n breifat neu gan y cyngor roeddan
ni i gyd. Pobol fel fi. Pobol oedd wedi byw yma erioed. Nid ni
oedd yn berchen ein tre.

'Dwi'n licio'r *digger*.' Roedd gwên yn llais Moi, a fedrwn i
ddim peidio â phlygu i roi sws ar ei foch. 'Dwi yn mynd i fyw
yn fa'ma, pan fydda i'n fawr.'

Nag wyt, meddyliais yn dawel wrth syllu ar y bwrdd
gwyddbwyll o seiliau yn y safle adeiladu. Tydi'r tai yma ddim
ar gyfer pobol fatha ni.

Gwlâu gweigion

Medi 2015

Roedd Mari'n trio tynnu'r cysur olaf o'r tywydd da cyn
dychwelyd i'r ddinas. Doedd ganddi ddim gobaith dod yn ôl
i Nefyn unwaith eto'r haf hwnnw petai'r ffasiwn beth â haf
bach Mihangel yn ymestyn ei wres caredig dros Ben Llŷn.
Byddai'n rhaid iddi wneud y tro efo'r ardd fach sgwâr oedd
ganddi yn y ddinas. Gwyddai Mari y byddai ei meddwl ar ei
bwthyn gwyliau bach twt yn Llŷn trwy gydol lliwiau tân yr
hydref, ac adeg rhew brathog y gaeaf a'i ddyddiau byrion,
tywyll. Fyddai hi ddim yn dychwelyd i'w bwthyn gwyliau yn
ystod y misoedd duon – yr haf oedd biau Nefyn.

Cyn gadael, cliriodd Mari'r tŷ – proses anodd oedd yn
ei hatgoffa'n flynyddol o glirio tŷ ar ôl i rywun farw. Cloi
ffenestri a stripio'r gwlâu, gwagio a diffodd yr oergell, a
thacluso'r holl fanylion bach oedd yn arwydd bod y lle'n

cael ei ddefnyddio. Y mygiau yn ôl yn y cwpwrdd; y llyfrau yn ôl ar y silffoedd; haf arall wedi darfod ac wedi'i dwtio i gwpwrdd y cof.

Ar ôl drachtio'i phaned olaf cyn gadael, casglodd Mari'r papurau Sul i'w breichiau a'u cario allan i'r bocs ailgylchu glas yn yr ardd. Prin roedd hi wedi sbio arnyn nhw, ond wrth iddi stwffio'r papurau mawr i'r bocs ar ben y poteli a'r caniau gweigion, daliwyd ei llygad gan lun ar dudalen flaen y papur.

Pobol. Cannoedd ohonyn nhw, yn ddynion a merched a phlant, a phob un yn swatio ar lawr, yn ceisio dod o hyd i gysur a chwsg mewn anhrefn. Ffoaduriaid, heb gartref na gwely na gobaith.

Sythodd Mari, a syllu ar lygaid dall y ffenestri ar y stryd. Roedd y rhan fwyaf o'r tai yn wag dros y gaeaf – yn dai haf i bobol fel hi. Doedd dim smic yn unlle, heblaw am wylan yn wylofain yn alarus. Faint o'r tai yma oedd yn wag, ystyriodd Mari. Eu hanner nhw? Mwy? Teimlodd hi erioed unrhyw anesmwythyd am fod yn berchennog ar dŷ haf – wedi'r cyfan, o fa'ma roedd hi'n dŵad. Ond ystyriodd Mari'r holl nosweithiau y byddai'r matresi'n noeth, yr aelwyd yn oer.

Cymerodd Mari un cip olaf ar y papur newydd, cyn gosod y caead yn ôl ar y bocs glas. Roedd moethusrwydd yr holl wlâu gweigion bron â bod yn ddigon i fygu rhywun.

Brangelina

Medi 2016

Cyhoeddwyd bod Brad Pitt ac Angelina Jolie yn paratoi i gael ysgariad.

'Bach o gyd-ddigwyddiad, nag yw e? Ti a Brad Pitt yn *single* ar yr un pryd?' Cododd y ddynes ei haeliau yn awgrymog. *'Every cloud has a silver lining*, wedi'r cwbl!'

Gwenodd Hawys yn wan ar ei chymdoges dros y wal, gan frathu'r miniogrwydd o'i thafod. Byddai hi wedi hoffi bod y math o ddynes fydde'n galler ei hateb yn ôl, heb ofni cweryl. Y math o ddynes y dywedai pobol amdani, 'Dyw hi ddim yn cymryd nonsens', neu 'Licen i ddim 'i chroesi ddi'.

'Bydd rhaid i ti drefnu gwylie draw yn LA, a trial ei ffindo fe,' meddai'r gymdoges wedyn, a hen wên dwp ar ei hwyneb. 'Byddi di'n dod 'nôl man hyn mewn limo, wedyn. 'Wi'n galler gweld e'n digwydd nawr!'

Mae'n rhaid bod y ddynes drws nesaf yn gwybod nad oedd gan Hawys ddigon o arian i fynd ar y bws i Abertawe heb sôn am neidio ar awyren i America i chwilio am ddyn. A ta beth, y peth olaf roedd ar Hawys ei eisiau oedd dyn arall. Ffarweliodd â'i chymdoges, a cherddded tua'r ysgol i nôl y plant.

Roedd hi'n dair wythnos ers i Dewi adael. Roedd ei bethau'n dal o gwmpas y tŷ, fel pe bai'n debyg o gyrraedd yn ôl unrhyw funud, ac roedd Hawys wedi dechrau eu gwthio i fagiau bins a bocsys cardfwrdd, dileu ei gŵr o'i phresennol yn gyfan gwbl. Ei sgidiau a'i siacedi, ei CDs ar y silff, ei frws dannedd, ei lyfr a'i grib a'r newid mân o'r bwrdd bach ar ei ochr ef o'r gwely. Doedd Hawys ddim yn gwybod beth i'w wneud â'r holl stwff wedyn, felly fe'i rhoddodd mewn pentwr yng nghornel ei llofft. Weithiau, yn oriau mân y nos, byddai ei stwff e'n cymryd siâp dyn yn sefyll drosti, yn ei gwylio hi'n cysgu.

Safai'r rhieni oddeutu giatiau'r ysgol, rhai mewn gangiau tyn o chwerthin a chlebran gorawyddus, rhai ar eu pennau eu hunain bob dydd. Ar ei phen ei hun y safai Hawys, a doedd hynny ddim yn ei phoeni. Ond doedd hi ddim yn hoff o'r edrychiadau diweddar, y diddordeb sydyn ynddi wrth iddi basio. Gwelai rhai gangiau o famau yn troi i edrych arni, cyn closio i siarad pymtheg y dwsin dan eu hanadl.

Efallai mai dyma oedd ffawd merched sengl, meddyliodd Hawys, waeth pwy oedden nhw. Efallai taw dyma oedd ei ffawd nawr – cael pobol yn siarad amdani, ond neb yn siarad â hi.

Dim colur

Mawrth 2014
Roedd ymgyrch fawr ar y gwefannau cymdeithasol i ysgogi merched i ddangos lluniau ohonynt eu hunain heb golur ar eu hwynebau.

Arhosodd Miriam tan i'r plant fynd i'r ysgol, tan i goffi cynta'r dydd ei chynhesu, tan i hindda gymryd lle miri'r bore. Ei horiau hi oedd y rhain: oriau gwaith; oriau tacluso; oriau golchi llestri a thalu'r biliau a gwagio'r cerrig mân a choncyrs o bocedi'r plant cyn llwytho'u dillad i'r peiriant golchi.

Nid heddiw.

Symudodd Miriam i'r ystafell ymolchi, a chodi'r tywelion oedd wedi'u taflu ar lawr gan y plant, cyn golchi'r hoel ewyn past dannedd o'r sinc. Ac yna, am fod rhaid iddi, cododd ei llygaid i syllu arni hi ei hun yn y drych.

Roedd hi wedi bod yn gyfnod mor hir ers iddi ei hwynebu hi ei hun. Wrth gwrs, byddai'n sefyll yma bob bore yn peintio'r minlliw, yn amgylchynu ei llygaid â du, yn taenu'r hufen dros ei chroen er mwyn cael gwared ar y cochni o gwmpas ei thrwyn a'i gên. Ond doedd hi byth yn edrych arni hi ei hun yn iawn, chwaith – dim ond yn nodi'r manylion, yn diawlio ei phlorod a'i dannedd cam.

Cododd y wlanen at ei hwyneb, a dechreuodd lanhau ei hun.

Postiwch lun ohonoch chi eich hunan heb golur ar Facebook i godi ymwybyddiaeth o gancr!
Tecstiwch i roi £3 i Ymchwil Cancr.

Roedd hi wedi dychryn pan welodd hi'r neges ar sgrin ei chyfrifiadur. Heb golur? Na, doedd hi ddim am wneud. Ond yn araf, llenwodd y sgrin â lluniau ffrindiau a chydnabod Miriam, yr un yn gwisgo colur, rhai yn hyfryd o dlws, rhai yn flinedig yr olwg. Gwyddai Miriam y byddai'n rhaid iddi hithau hefyd wneud yr un fath, ond na fyddai'r un ffresni hyfryd ar ei hwyneb noeth hi.

Wedi i'r minlliw waedu'r wlanen yn goch a'r *foundation* wedi golchi'n oren i lawr y sinc, trodd Miriam at ei llygaid. Rhwbiodd a rhwbiodd nes bod y düwch fel cleisiau ac yna sychodd y cyfan oddi yno.

Golchodd y wlanen mewn dŵr cynnes, a throdd ei sylw at ei haeliau. Daeth y rheiny oddi yno'n hawdd, gan adael dim byd ond croen gwelw, gwyn ac wyneb a edrychai yn noeth. Yna, ar ôl hel ei dewrder i gyd, tynnodd y gwallt oddi ar ei phen – y wig oedd wedi costio mor ddrud iddi ychydig fisoedd ynghynt.

Yn y drych, roedd rhywun arall. Roeddwn i'n arfer bod

mor lliwgar, meddyliodd Miriam, cyn i'r driniaeth ddwyn fy ngwallt golau a'r lliw o'm gruddiau.

Cododd y camera, a'i droi ati hi ei hun. Pwysodd y botwm, a dyna hi – ei llun digolur, di-liw, didostur hi ei hun.

Haid

Hydref 2016
Bu gwersyll i ffoaduriaid yn Calais a'u bwriad oedd croesi'r Sianel i Brydain. Cafodd y gwersyll ei gau yn Hydref 2016, ond dim ond ychydig o blant gafodd eu derbyn ym Mhrydain.

Roedd y bws wedi bod yn aros mewn rhes ar y llain am ddwy awr a hanner, yn aros i gael mynd ar y llong. Doedd yr oedi hwn ddim yn arferol, esboniodd y gyrrwr yn robotaidd dros yr uchelseinydd. Ar yr ymfudwyr roedd y bai – y rhai penderfynol o gyrraedd Prydain. Roedd croeso, wrth gwrs, i'r teithwyr ddefnyddio'r cyfleusterau ar y bws, ond fyddai hi ddim yn syniad da i unrhyw un adael y cerbyd. Doedd Calais ddim yn lle saff.

Eisteddai Lea ar ei phen ei hun mewn sedd tua'r cefn. Roedd hi wedi gwagio batri ei ffôn ar y daith o Baris i Calais, ac wedi gorffen darllen ei llyfr ers hanner awr, wedi iddynt gyrraedd y porthladd.

'Sgrownjars,' meddai rhyw ddynes uchel ei chloch o'i sedd ym mhen blaen y bws, a'i llais yn cario gystal ag unrhyw uchelseinydd. 'Desbret i ddwad i gymryd ein *benefits* ni. Diawl o beth!'

Daeth murmur o gytundeb gan rai o'r teithwyr eraill.

'Dwi'n talu fy nhrethi,' meddai'r ddynes wedyn, 'ond dim er mwyn rhoi bywyd hawdd i bobol o dramor. Ma David

Cameron yn iawn. *Swarm* ydyn nhw. Haid, fatha pryfid yn heidio at fêl.'

Pwysodd Lea ei thalcen ar y gwydr oer, ei phen fel petai'n teimlo'n llawn o lais cras y ddynes. Cerddodd un o weithwyr y porthladd at y bws, a phenlinio i edrych o dan y cerbyd. Syllodd Lea mewn penbleth wrth i'r dyn orwedd o dan y bws am ychydig, cyn codi drachefn a symud at y bws nesaf. Yna, sylweddolodd Lea iddo fod yn archwilio'r injan am bobol.

Sut brofiad fyddai cuddio mewn injan? Dal yn dynn mewn rhyw bibell, plygu'r corff i ryw fangre fach dywyll, ac arogl olew a diesel yn drwchus. Rhu'r bws fel Armagedon, a pherygl mawr i'w wynebu. Perygl llosgi, neu rewi. Perygl i gerrig mân gael eu poeri o'r lôn. Perygl cwympo, neu, yn waeth byth, hanner cwympo, a choes neu fraich yn dal ynghlwm yn yr injan wrth i symudiad y bws lusgo'r corff ar hyd y lonydd.

Fyddai neb byth yn rhoi eu hunain mewn ffasiwn le, mewn ffasiwn berygl, pe na bai'n rhaid iddyn nhw, rhesymodd Lea. Doedd neb yn dewis chwarae mig â'u bywydau os oedd ganddyn nhw fywydau gwerth eu byw. Felly rhaid bod yr haid yma'n haid anghenus, a thrallodus eithriadol.

Ond roedd haid lawer cryfach yn brwydro yn eu herbyn, sylweddolodd Lea wrth i injan y bws ddechrau chwyrnu. Haid o Doriaid.

Rhyfel arall

Medi 2014

Daliai Rob i grynu.

Weithiau, byddai'r cryndod yn ddigon drwg i daro paned dros y bwrdd, neu methai â dal cyllell a fforc. Doedd o ddim yn gwisgo crysau mwyach – y botymau'n rhy drafferthus.

Tri deg pump oedd Rob.

Weithiau, teimlai'n sicr ei fod o'n gwella – diwrnod neu ddau o fyw fel rhywun normal, a medrai fynd allan a chwerthin, cymdeithasu a chodi peint heb golli 'run diferyn. Ond yn ddieithriad, byddai rhyw dwrw yn dod, a'r cryndod yn ailddechrau unwaith eto. Drws yn cau'n glep, neu gaead bin yn syrthio ar bafin, neu dân gwyllt. Gwyddai Rob yn iawn nad sŵn bomiau na gynnau roedd o'n ei glywed, ond byddai ei gorff yn mynnu ymateb. Greddf newydd sbon oedd hon, rhywbeth na châi ei weld ar hysbysebion recriwtio'r fyddin ar y teledu.

Clywsai Rob y gwleidyddion ar y teledu yn cyfiawnhau'r rhyfel newydd: dynion efo acenion crand mewn siwtiau oedd yn werth miloedd yn penderfynu ffawd pobol nad oedden nhw'n berchen ar ddim oll. '... *only air strikes*... *no foot soldiers*...' Yn ei lolfa fach dywyll, rhegodd Rob ar y teledu. Rhyfel arall i fendio briwiau'r rhyfel cynt. Dychmygodd y bobol mewn gwlad lychlyd, bell yn edrych i fyny i'r nefoedd ac yn gweld yr awyrennau fel adar bach. Yna'r bomiau'n disgyn ac wedyn y sgrechian, yr ofn, yr arswyd. Y sŵn. Yr ergyd.

A'r gwleidyddion mewn siwtiau drud. Byddai'r rheiny'n mynd i'w gwlâu bob nos ac yn cysgu'n dawel wedi llywio rhyfel arall. Gallen nhw wrando ar ddrws yn cau'n glep, caead bin yn disgyn ar y pafin, a chlywed ffrwydradau tân gwyllt heb ddychryn. Ond y cyfan a glywai Rob oedd bomiau, gynnau, a sŵn cyfres o ryfeloedd ar y gorwel.

Aber-fan

Hydref 2016

Ar 21 Hydref 1966 llifodd y domen lo uwchben pentref Aber-fan i lawr dros yr ysgol gynradd gan ladd 116 o blant a 28 o oedolion.

Rydw i'n codi llaw arnyn nhw wrth iddyn nhw gerdded oddi wrtha i, i ganol sŵn iard yr ysgol yn y bore. Mae Heledd fach yn codi llaw yn ôl a'i gwên ddiddannedd yn llydan ac yn annwyl, ond mae Menna wedi anghofio amdana i'n barod. Gwyliaf hi'n diflannu i ganol ei chriw o ffrindiau, yn ildio ychydig o'i hunigrywiaeth i'r môr o blant sydd o'i chwmpas. Un mewn dosbarth fydd hi nawr, un mewn blwyddyn.

Trof fy nghefn ac ymlwybro am adref. Rhaid i mi lapio fy mreichiau o 'nghwmpas er mwyn cadw'n gynnes, fel petawn i'n cysuro fy hun.

Yn ôl yn y tŷ, mae gweddillion y bore bach yn aros yn llonydd amdana i – hanner darn o dost a jam; briwsion ar y bwrdd; dagrau o laeth mewn powlen hanner gwag o gornfflêcs. Mae Heledd wedi gadael rhestr Nadolig roedd hi'n ei sgrifennu wrth iddi fwyta – merlen; teledu; *nail varnish* porffor – ac mae'r pensil yn gorwedd yn llonydd wrth ei hymyl. Ar ganol y carped, gorwedda'r brws gwallt, ac edau brau gwalltiau'r ddwy yn clymu rhwng y dannedd.

Ochneidiaf o'i weld, ac yna dechrau tacluso. Golchi'r llestri, cyweirio'r gwlâu. Cymryd y brwshys dannedd o'r sinc a'u golchi o dan y tap. Codi'r tywelion o'r llawr. Codi dolis Menna o'u heisteddle ar y gris gwaelod, a'u hebrwng yn ôl i'r llofft.

Mae coban Heledd wedi'i thaflu ar gefn y soffa yn ei brys i

wisgo bore 'ma, ac rwy'n ei chodi a mynd â hi i'r llofft. A dyna pryd 'wi'n ei glywed e.

Tawelwch.

Mae e'n uchel, fel hyn, pan y'ch chi'n gwrando arno fe. Dim sŵn traed bach, na chwerthin afreolus, na checru cwynfanllyd. Dim byd. Mae e'n fyddarol, y diffyg sŵn.

Rydw i'n codi coban Heledd at fy wyneb ac yn arogli ei chwsg ar y cotwm, ond mae gwres ei chorff wedi gadael y dilledyn. Mae rhywbeth yn ofnadwy am y pethau y bydd pobol yn eu gadael ar eu hôl: y sgidiau, y llyfrau a'r creons lliw. Nid y ffotograffau ysgol sydd ar y dresel, ond arwyddion brysiog, miniog bywyd ar garlam: sanau budron mewn pâr o welingtons; olion menyn yn y pot jam; lwmp o glai du, trwm yn oer ac yn sinistr uwchben y lle tân, fel petai wedi cael ei roi yna i'n hatgoffa ni o rywbeth dychrynllyd.

Hedfan awyren

Ebrill 2015

Ar 24 Mawrth 2015, credir bod y peilot Andreas Lubitz wedi achosi i'w awyren ddisgyn yn fwriadol ac iddo ddioddef o iselder ysbryd.

Mae Nia wedi bod ar fin ffonio'r meddyg droeon yn ystod y misoedd diwethaf.

Yr adeg honno pan dreuliodd hi ddiwrnod cyfan yn syllu ar wal ei llofft, ei meddwl yn gwbl wag. Yr adeg pan sylweddolodd nad oedd hi'n medru cysgu heb iddi grio. Trothwy hunllefus yr hunanddolurio, a ddigwyddai heb iddi ystyried y peth, bron, wrth iddi olchi'r gyllell fara yn y sinc. 'Y gyllell fara wedi llithro! Mae o'n iawn... ddim yn brifo...' Ond nid llithro wnaeth y gyllell fara, dim ond ildio'n wirfoddol i'w llaw wlyb, sebonllyd. Safodd Nia yno am yn hir wedyn, yn gwylio'r coch yn lliwio'r swigod gwyn, glân.

Mae angen help arni.

Mae hi wedi deialu'r rhif unwaith neu ddwy, cyn pwyso'r botwm bach i orffen yr alwad cyn iddi ddechrau. Bydd y ddynes yn y dderbynfa yn siŵr o ofyn, yn ôl ei harfer, '... pam ydych chi angen gweld meddyg heddiw?' Fedr Nia ddim wynebu defnyddio'r hen air trwm yna. Iselder. Dydi hi ddim am gyfaddef hynny, ddim am yngan y gair. Byddai'n hawdd ateb y ddynes yn y dderbynfa petai'n dioddef o 'ffliw' neu 'inffecshyn clust'. Dydi iselder ddim yn air i'w ddweud yn uchel.

Rŵan, mae'r gyllell fara wedi dechrau 'llithro' yn amlach, a Nia wedi mynd yn drwsgl gyda'r haearn smwddio a'r hob, ac mae'n rhaid iddi wisgo crysau llewys hir am fod ei braich chwith yn greithiau blin. Bob tro, bydd hi'n gaddo iddi hi ei hun mai dyma fydd y tro olaf, ond yna, bydd yr ysfa'n dychwelyd. Eisiau teimlo rhywbeth mae Nia, a hithau wedi mynd i deimlo mor hesb.

Yna, a hithau ar fin ffonio'r meddyg unwaith eto, mae hi'n codi ei ffôn, cyn ei roi yn ôl yn ei grud. Mae hi wedi darllen am y peilot wnaeth achosi'r ddamwain drychinebus, wedi darllen y geiriau *people with depression should not fly planes* drosodd a throsodd a throsodd. Ond penderfynu peidio cyfaddef wrth unrhyw un am y gwacter sydd ynddi mae Nia, achos os mai dyna sy'n bod arni, iselder, efallai mai'r papurau newydd sy'n iawn. Efallai na ddylai pobol fel hi ofalu am bobol eraill. Achos os nad ydi hi'n iawn i bobol fel hi fod yn beilot awyren, mae'r un peth yn wir am yrru bws, a char ac ynddo hen bobol a phlant. Yr hyn mae'r papurau yn ei ddweud mewn gwirionedd, meddylia

Nia, ydi nad ydi pobol sy'n dioddef o iselder yn dryst. Felly mae'n penderfynu peidio ffonio'r meddyg, a pheidio, byth bythoedd, â gofyn am help.

Burkini

Awst 2016

'Ti'n barod?'

Nos Sadwrn, fel nosweithiau Sadwrn ers talwm, cyn i'r babi gyrraedd. Roedd Carys wedi bod yn edrych ymlaen ers wythnosau, a'r addewid o win a bwrlwm a chlegar ffrindiau yn y Ship wedi'i chynnal drwy'r bwydo, yr unigedd a'r sgrechian croch o gael plentyn bach. Doedd hi ddim wedi cyfaddef hynny wrth Dion, wrth gwrs. Roedd o'n cwyno am orfod codi a mynd i'r gwaith tra câi hithau fod adref efo'r bychan. Mor hawdd roedd merched yn ei chael hi, medda fo.

Ond nid Mam a Dad oedd Carys a Dion heno. Roedd Carys yn caru ei babi bach, wrth gwrs, ond weithiau, wrth eistedd yn y gadair freichiau am dri y bore yn ei fwydo, byddai'n cofio manylion nosweithiau allan ac yn ysu amdanynt: gweiddi dros fiwsig rhy uchel; blas gwin a jin a Jägermeister; dal ym mraich Dion wrth iddyn nhw gerdded o dafarn i dafarn, ei sodlau uchel yn creu curiad ar y pafin; arogl cwrw, cibábs a phersawr ar yr awel.

'Bron yn barod.'

Daeth Dion i mewn i'r llofft, ei hoff grys glas amdano. 'Dwi wedi dangos i Mam lle ma'r napis a'r poteli.'

Roedd tawelwch wrth i Dion syllu ar ei gymar am eiliad, a gwyddai Carys mai siom oedd hynny, am nad oedd hi'n gwisgo'r dillad cywir.

'Ydw i'n edrych yn iawn?'

'Wel...' ochneidiodd Dion, fel petai o wedi blino ar hyn i gyd. 'Ti'n edrych yn ocê. Jest 'mod i'n methu gweld dy siâp anhygoel di!'

Nodiodd Carys, a llyncu ei phoer. 'Dwi'm 'run fath ar ôl cael Gwen...'

'Nag wyt. Ond 'sat ti'n gwisgo'r ffrog las yna, yr un wnest ti wisgo i barti Gwydion...'

Agorodd Dion y cwpwrdd dillad a dod o hyd i'r ffrog. Dechreuodd Carys dynnu amdani, a safodd Dion yn syllu arni, ei lygaid ar ei bronnau llawn, cnawd llac ei bol, y graith oedd fel gwên o dan ei bogail. Llosgai ei gruddiau.

Gwisgodd Carys y ffrog las, oedd bron yn rhy dynn, a llithrodd y sgidiau sodlau uchel ar ei thraed. 'Dwi'm yn siŵr, sti, Dion. Dwi'm yn teimlo'n gyffyrddus iawn...'

'Callia. Dyna ti'n mynd i wisgo. Ocê? Ti'm isio teimlo'n ffrympi, nag wyt?'

'Ond bydda i'n methu ymlacio...'

'Does 'na'm amser i newid rŵan, beth bynnag.'

Rhoddodd ei fraich amdani a'i harwain hi allan o'r ystafell wely. 'Rwyt ti'n lwcus i gael dyn sy'n cymryd diddordeb yn y ddillad rwyt ti'n wisgo, on'd wyt?'

BYWYD YN EI AMRYWIAETH

Y pethau bychain

Dydd Gŵyl Dewi 2014

'Paid â rhythu, Dewi.'

'Ond...'

'Paid!'

Chwythodd Non y stêm oddi ar ei choffi ac edrych ar ei mab. Syllai ei lygaid tywyll pedair oed heibio'i fam at yr hen ŵr a eisteddai yng nghornel y caffi, ei sylw wedi'i hoelio ar y dyn oedd yn teimlo'i ffordd drwy ei ginio. Bodio'r bara; bysedd yn crwydro dros fformeica'r bwrdd i chwilio am ei lwy. Gwyliai Dewi'n gegrwth wrth i'r dyn ostwng ei lwy i'r cawl a chymryd cegaid heb golli'r un dropyn.

'Dewi, 'wi ddim yn gweud 'to.'

'Be sy'n bod arno fe?'

'Dyn dall yw e,' atebodd Non dan ei gwynt, a chrychodd Dewi ei dalcen, yn anghyfarwydd â'r gair. 'Dyw e ddim yn gallu gweld.'

Trodd Dewi yn ôl at yr hen ŵr, wedi'i hudo'n llwyr yn awr. Gwyliodd y llygaid gleision yn ei ben yn rholio tua'r nenfwd, a'r symudiadau gofalus wrth iddo fwyta'i gawl a'i fara.

'Ti'n dal i edrych arno fe, Dewi!'

'Ond pam dyw e ddim yn gweld?'

Gyda hynny, cododd oddi ar ei gadair a cherdded draw at y dyn, gan anwybyddu ei fam oedd yn hisian ei enw dros y caffi.

'Helô,' meddai'r hen ŵr, yn synhwyro presenoldeb Dewi wrth ei fwrdd.

'Mae'n ddrwg 'da fi nad yw eich llyged chi'n gwitho.'

Gwenodd y dyn. 'Ro'n i'n galler gweld, cynt, felly 'wi'n cofio popeth, a 'wi'n dal i deimlo gwres yr haul.'

'Mae Mam yn gweud bod hi'n ddiwrnod tlws heddi.'

Gwenodd y dyn eto. 'Byddwn i'n hoffi gweld awyr las y gwanwyn 'to, rhaid i fi gyfadde.'

Pendronodd Dewi am ychydig, cyn rhuthro yn ôl at ei fam. Tyrchodd yn y bag siopa, gan chwilio'n ddyfal.

'Beth 'yt ti'n neud? Gad i'r dyn fod nawr...'

Ond roedd Dewi wedi dod o hyd i'r hyn y bu'n chwilio amdano ac aeth â blows sidan newydd sbon ei fam o'r bag a'i gosod yn nwylo'r hen ŵr. Bodiodd hwnnw'r defnydd llyfn, meddal rhwng ei fysedd cam.

'Dyna shwt ma'r awyr yn edrych heddi,' esboniodd Dewi. 'Fel y teimlad 'na.'

Nodiodd yr hen ŵr, wrth fwytho'r sidan.

'Y'ch chi'n 'i weld e nawr?' gofynnodd Dewi, a nodiodd Peulin eto wrth lyncu'r dagrau yn ôl. Teimlai'r awyr o dan ei fysedd yn lasach na'r un a welsai e erioed o'r blaen.

Cairns

Hydref 2016

Mewn dadl ar Question Time *awgrymodd Alun Cairns, A.S. Bro Morgannwg, fod cysylltiad rhwng Plaid Cymru a'r ymgyrch losgi tai haf.*

Roedd yr haf wedi darfod. Dyma gyfnod gwresogi'r tŷ, ymestyn am y siwmperi, cyfnod lobsgóws a chrymbl a swatio. Yn eistedd ar ei wely ymhlith ei dedis, mwythodd Alun ei fol. Roedd ganddo boen. Er ei bod hi'n bnawn dydd Sadwrn, ac er y gallai Alun glywed sŵn y plant eraill yn chwarae ar y stryd y tu allan, ceisiodd ddarbwyllo'i hun nad oedd o eisiau chwarae gyda'r hen blant yna, beth bynnag. Roedd hi'n rhy oer i fynd allan ac roedd Alun yn fachgen a deimlai'r oerfel.

Fedrai o ddim caniatáu iddo'i hun ymddiheuro am yr hyn ddigwyddodd ddoe. Efallai nad oedd o wedi bod yn hollol onest, ond eto bai Leanne oedd hyn i gyd. Onid oedd y ferch dal o'r stryd nesaf yn gofyn amdani gyda'i chwerthiniad aflafar a'i chriw o ffrindiau uchel eu cloch? Roedd ganddi rywbeth i'w ddweud am bopeth. Credai Alun, bron yn siŵr, ei bod hi'n dal dig am yr adeg yma y llynedd pan alwodd o'r Eidalwyr oedd yn byw yn rhif 34 yn 'greasy wops', er iddo ymddiheuro am hynny'n barod.

Felly, mewn ffordd, ei bai hi oedd hyn.

Pan wnaeth yr holl afalau ddiflannu o goeden Mrs Smith ar y gornel, tyngodd Alun mai Leanne a'i chriw oedd wedi'u cymryd nhw. Doedd dim llawer o bobol wedi'i goelio chwaith – un llais bach oedd o, wedi'r cyfan – ond roedd o'n ddigon i wneud i ambell un edrych yn chwithig ar Leanne, fel petaen nhw'n gofyn, 'Ai un fel yna ydi hi go iawn? Ai lladron bach barus ydi'r criw 'na sydd gyda hi?' Dyfarodd Alun iddo leisio'r geiriau bron cyn iddyn nhw ddengyd o'i geg, ond fedrai o ddim ymddiheuro. Fedrai o ddim dioddef ei gweld hi'n cael y gorau arno unwaith eto, dim ond am mai hi oedd yn dweud y gwir.

Cododd Alun o'i wely, ac aeth draw at y ffenest. Sbeciodd arnyn nhw o'i guddfan y tu ôl i'r llenni, a gwgu ar y ffordd roedd y criw yn sgwrsio, chwerthin a chicio pêl. Wel, roedd ganddo ef ei ffrindiau yn yr ysgol. Y plant mawr. Pa ots os byddai'n rhaid iddo wneud fel roedden nhw'n ei ddweud? Doedd dim byd o'i le ar hynny. O leiaf roedd o'n rhan o'u grŵp nhw.

Dychwelodd Alun i'w wely, ei boen bol yn gwaethygu. Efallai na ddylsai fod wedi bwyta'r holl afalau.

Land Rover ar fynydd

Tachwedd 2014

Defnyddiodd cwmni Land Rover fynydd Moel Eilio i dynnu lluniau er mwyn creu cyhoeddusrwydd, gan achosi difrod i'r tir.

Welodd y mynydd ddim byd tebyg i hyn erioed o'r blaen.

Beiciau cwad oedd i'w gweld yno fel arfer y dyddiau hyn – cerbydau pedair olwyn a gâi eu reidio fel ceffylau dros y bryniau – ond anaml iawn fyddai'r rheiny'n mynd mor uchel â hyn. Dim ond mewn tywydd mawr pan fyddai 'na ddafad ar goll. Hyd yn oed wedyn, doedd y ffermwyr ddim fel petaen nhw'n hoff o ddod i ben y mynydd ar y cwadiau. Bydden nhw'n eu parcio nhw yn is i lawr ar waelod y llethrau, fel petai rhyw barch annatod ganddyn nhw tuag at yr uchelfannau.

Nid felly'r 4x4. Chwyrnodd i fyny'r llethrau gan dagu mwg yn rhuban dros y mynydd, ac yna tawelu cyn chwydu ei bobol allan dros y gwyrddni. Gosododd un ohonyn nhw gamera ar dair coes fetel, a dechreuodd un arall gyfarth am 'angles' ac 'organic lighting' a 'giving the vehicle character, a soul in this atmosphere of rural ruggedness'.

Gwrandawodd y mynydd.

Gwerthu delwedd roedd y bobol, gwerthu breuddwyd i bobol oedd yn gaeth i goncrid a tharmac, llwydni a mwg. Rywle, rhywbryd, byddai rhywun yn gadael ei gartref yn y ddinas, yn camu i mewn i'r 4x4, a chyn cychwyn yr injan a'i throi hi am y gwaith, byddai'n cau ei lygaid ac yn dychmygu bod yma, ar ben y mynydd mewn modur a phob llwydni ymhell i ffwrdd.

Gadawodd y 4x4 a'i bobol, ac ymlwybro 'nôl i lawr y

mynydd i'w briod le ar y lonydd. Gadawsant olion hyll y teiars yn y pridd, yn ddwy linell fel crafiadau ar hyd y tir. Canodd grwndi ei injan i lawr y llethrau, a'r egsôst yn rhwygo purdeb yr awyr â'i lygredd.

Dim ond mynydd oedd o, rhesymodd y bobol yn y cerbydau. Doedd o ddim fel petai ganddo hunaniaeth nac enaid... Dim ond tir, dim ond lleoliad. Gwrandawodd y mynydd wrth i'r 4x4 haerllug ymbellhau. Wnaethon nhw ddim sylweddoli mai dyma'r peth mwyaf dienaid a dinistriol a oedd wedi dringo'r llethrau yma erioed.

Dur

Ebrill 2016

Ym Mawrth 2016 roedd pryderon y byddai cwmni Tata yn cau'r gwaith dur ym Mhort Talbot yn gyfan gwbl.

Y peth olaf a ddywedodd ei dad wrth George Singh pan ymddeolodd o'r siop oedd, 'Cofia fod gen ti gyfrifoldeb i'r bobol yma. Y siop ydi un o'r pileri sy'n dal y gymuned ar ei thraed.' Ar y pryd, meddyliodd George mai geiriau gweigion oedden nhw – roedd gan ei dad dueddiad i adrodd dywediadau ystrydebol. Ond, ychydig flynyddoedd yn ddiweddarach, roedd George wedi dod i ddeall gwirionedd yr ystrydeb hon.

Y gwaith dur a gadwai'r siop mewn bodolaeth erbyn hyn. Byddai'r teuluoedd lleol yn tueddu i fynd i'r Tesco mawr oedd ar agor o fore Sul tan y nos Sadwrn ganlynol, ac roedd y fan Asda yn hen gyfarwydd â strydoedd culion yr ardal. Welai George ddim bai ar bobol gan fod yr archfarchnadoedd gymaint yn rhatach, er doedd hynny ddim yn golygu nad oedd y peth yn brifo. Ar ei ddyddiau duaf, teimlai George fel esgymun yn ei gynefin ei hun, a'r trigolion yn dangos yn glir nad oedd ei angen e yno.

Diolch byth am ddynion y gwaith dur. Bydden nhw'n galw i mewn am bapur newydd a phecyn o Cheese & Onion ar eu ffordd i'r gwaith, neu'n picied i gael pastai neu sosej rôl ar y ffordd adref, Mars efallai, neu gwpl o ganiau o gwrw ar ôl shifft anodd. Dros y blynyddoedd, daeth George yn gyfaill iddyn nhw – rhyw fath o gyfaill, beth bynnag, neu gydnabod ar ororau eu bywydau. Byddai'n clywed am briodasau a genedigaethau, marwolaethau a thor priodas. Fe fyddai'n gwerthu canhwyllau i'w rhoi ar gacen ben-blwydd merch fach un o'r gweithwyr, ac yn cofleidio dyn dagreuol oedd yn prynu ei *ready meal for one* cyntaf ar ôl deugain mlynedd o briodas a phrydau cartref.

Ei dad oedd yn iawn, rhesymodd George. Y siop oedd yn cynnal y gymuned ond roedd y gymuned yn cynnal y siop, hefyd. Fyddai ganddo ddim gobaith cadw'r lle ar agor pe bai'r gwaith dur yn cau.

Doedd ei dad ddim yr un dyn ers iddo ymddeol. Treiddiodd hen ddigalondid a hen lwydni i mewn i'w gymeriad, fel pe bai'n ysu am weld pob dydd yn pasio'n gyflym, er mwyn iddo gael ei achub rhag gorfod dioddef rhaglenni teledu gwael a blinder diflastod. Peth fel 'na oedd peidio gweithio, meddyliodd George. Gallasai'r hen fyd 'ma deimlo cyn oered â dur pe byddai'r gwaith yn cau.

Cenedlaetholdeb

Ebrill 2016

Y gwestai oedd un o hoff bethau Beth wrth gynadledda. Gwesty mawr, amhersonol: poteli bach o siampŵ; golygfeydd newydd, llwyd a dinesig, drwy ffenestri sgwâr; a'r brecwast, wrth gwrs. *Full English* iddi hi bob tro, am y byddai'n ei chadw'n fodlon tan amser te yn y prynhawn. Gallai wedyn fod yn rhan o holl weithgareddau'r gynhadledd, bron, heb orfod cymryd hoe i hel ei bol.

Brexit oedd sgwrs pawb eleni, wrth gwrs. Bron nad oedd Beth yn cywilyddio iddi bleidleisio yn ei erbyn, cymaint oedd y cyffro erbyn hyn. Roedd y rhan fwyaf o bobol o'i blaid erbyn hyn gan ei fod o'n sicr o ddigwydd – wel, un ai hynny, neu eu bod nhw'n ceisio bod yn bositif. Ac roedd Beth wedi dechrau credu ynddo hefyd – credu yn yr annibyniaeth Brydeinig oedd ar droed.

Wrth gerdded o'r gwesty i'r ICC, gwnaeth Beth restr yn ei phen o'r holl bethau a fyddai'n cael eu gwella, eu cywiro, gan Brexit. Duw a ŵyr, roedd gan Birmingham ddigon o broblemau. Y tramorwyr i ddechrau, oedd yn britho'r strydoedd. Faint o'r rheiny oedd wedi dwyn swyddi Prydeinwyr? Byddai rhai o'r jobs yna'n medru mynd i'r bobol dlotaf, gan sortio problem digartrefedd. Byddai llai o bobol yn golygu llai o geir ac roedd traffig yn sicr yn broblem mewn dinas fawr fel hon.

Chwifiai'r baneri coch, glas a gwyn yn llawen ar Beth wrth iddi gyrraedd y gynhadledd, ac aeth saeth o gyffro drwyddi wrth weld Jac yr Undeb, ei hen gyfaill, yn ei chroesawu. Bron na fyddai'n well ganddi aros mewn cynhadledd am byth, yn mwynhau *room service* a brecwastau mawr a chenedlaetholdeb Prydeinig. Byddai'n loes calon ganddi orfod mynd adref ar y trên heno, yn ôl i Wlad y Gân at y Cymry cul. Y cwyno diben-draw am fewnfudwyr o Loegr a'r rheiny yn prynu tai, yn gyrru 4x4s, yn gwrthod dysgu'r iaith ac yn lladd cymunedau. Byddai rhyw hen sgwrsio felly yn gwylltio Beth. Onid oedd y bobol dwp hyn yn deall bod yr economi'n gwbl ddibynnol ar fewnfudwyr?

Ochneidiodd Beth, a gaddo iddi hi ei hun y byddai'n canolbwyntio ar ei phlaid heddiw, heb adael i'w meddwl grwydro at ei bywyd gartref. Brysiodd i mewn i'r neuadd a dod o hyd i sêt go lew, gan wneud yn siŵr bod ganddi botel o ddŵr yn ei bag. Byddai'r holl halen yn ei brecwast yn siŵr o'i gwneud yn sychedig. Roedd hi'n llond ei chroen o'r *Full English*.

Eithafiaeth

Mehefin 2014

Roedd Iolo'n casáu byw yn y ddinas.

Roedd y lle wedi gaddo cymaint – gwaith, bywyd cymdeithasol, merched, bwrlwm bywyd a chwrw. Erbyn hyn, roedd y swyddfa'n ei ddiflasu, ei ffrindiau wedi priodi ac ymbellhau, a'r merched mor wawdlyd yng Nghaerdydd ag oedden nhw wedi bod yng Nghaerfyrddin.

Ac roedd arno ofn.

Gwelsai yr wynebau ar y newyddion – bechgyn, fel y rhai a welai bob dydd, yn poeri casineb. Bu Facebook, y teledu a'r papurau newydd yn trio'i rybuddio ers blynyddoedd, ond dim ond nawr y sylweddolai pa mor beryglus oedd byw mewn dinas. Gallai unrhyw un ohonyn nhw fod yn derfysgwyr.

Byddai Iolo'n swp gwlyb o chwys erbyn cyrraedd y gwaith

yn y bore, yn enwedig pan fyddai llawer ohonyn Nhw ar yr un bws ag o. Byddai'n llygadu'r bagiau ar gefnau'r plant ysgol, hyd yn oed, y merched mewn gwisgoedd llaes, du, a'r hen ddynion yn teithio i'r dref gan gario hen fagiau Tesco. Oedden nhw'n cario rhywbeth, neu'n dal yn dynn ar gaglau o wifrau a ffrwydron?

Ar ôl gadael y gwaith un noson, penderfynodd Iolo alw yn yr archfarchnad i nôl potelaid o gwrw a phitsa iddo'i hun. Roedd hi'n braf, y math o noson pan fyddai meddwi'n braf, petai ganddo ffrindiau i feddwi gyda nhw. Roedd pobol mewn siorts a festiau yn dewis cig, gwin a barbeciws ac yn eu gosod yn eu trolis. Aeth Iolo i dalu.

Safai un ohonyn Nhw y tu ôl iddo yn y ciw. Yn ei fasged, roedd afal, bar o siocled a photelaid o ddŵr, ac roedd ganddo fag mawr ar ei gefn.

Cyflymodd calon Iolo.

Roedd o'n debyg i'r hogiau ar y fideo hefyd. Yn debyg iawn. Wrth i'r ferch y tu ôl i'r cownter droi at Iolo a gofyn a oedd o eisiau bag plastig am bum ceiniog, estynnodd Y Dyn i'w fag, a'i agor yn araf, araf.

Ebychodd Iolo. Fedrai o ddim peidio. Syllodd y ferch arno, yn ogystal â'r Dyn ei hun, cyn estyn i'r bag i nôl ei waled. Yna, fel petai'n sylweddoli beth oedd newydd ddigwydd, trodd ei lygaid tywyll at Iolo.

'Wyt ti ddim o ddifri?'

'Do'n i ddim yn meddwl...' Roedd llais Iolo'n crynu, ei wyneb yn sglein o chwys.

'Oeddet ti'n meddwl 'mod i'n...?'

Ysgydwodd Iolo ei ben. 'Sori. Y newyddion... Mae'n gwneud pawb yn paranoid.'

Ceisiodd wenu ac estynnodd bapur deg i'r ferch.

'Barnu hil gyfa oherwydd safbwynt ambell un,' meddai'r

Dyn wedyn, ac ni allai Iolo godi ei olygon i edrych arno.

'Wnes i ddim meddwl...'

'Nid fi ydi'r eithafwr yn fa'ma.'

Gadael

Mehefin 2016

Roedd Prydain ar drothwy cynnal refferendwm i benderfynu gadael neu aros yn yr Undeb Ewropeaidd.

Dwi ddim yn hiliol, ond...

Yr *immigrants* 'ma, 'de. Ma'r Pwyliaid ym mhobman. Ma'n diwylliant ni mewn peryg. Diwylliant Prydain dwi'n feddwl. Wel, diwylliant Lloegr. Dydi petha ddim fel roeddan nhw yn yr hen ddyddia.

Y drwg ydi, maen nhw'n gweithio'n galetach na ni, sydd ddim yn deg, nag 'di? Ma mab fy nghefndar yn Leeds allan o waith ers misoedd, diolch iddyn Nhw. Mi gafodd o le mewn ffatri llynadd, ond mi gafodd o'r sac ar ôl pythefnos am ddod i mewn yn hwyr cwpwl o weithia. Dach chi ddim yn eu gweld Nhw'n cael y sac. Maen Nhw'n bla fan'no, medda 'nghefndar. Ma gynnon Nhw eu siopau eu hunan a phob dim. Fydd gynnon Nhw eu pybs eu hunan a'u trefi eu hunan cyn bo hir.

Dwi'm 'di gweld llawer o Bwyliaid fa'ma, naddo, ond dwi 'di gweld y bwyd ma Nhw'n 'i fyta yn yr eil World Foods yn Tesco Bangor.

Gynnoch chi'r NHS wedyn. O'dd Menai 'di disgyn ar 'i ffor adra o'r clwb criced nos Wener, felly mi es i â hi i'r sbyty bora Sadwrn. O'dd y lle 'na'n rhemp. Fuo rhaid i ni aros pedair awr iddi gael pelydr-x ar ei braich, a tasa chi'n gweld y bobl gafodd fynd cyn iddi hi ga'l galwad. Dwi'n siŵr ma hogan o Wlad Pwyl oedd yr un feichiog, yn welw i gyd. Beryg nad oedd hi wedi talu ceiniog o dreth yn y wlad yma. A'r boi 'na efo'r briw ar ei ben – Duw a ŵyr o ble roedd hwnnw yn dod. Doedd o'n sicr ddim o fan'ma.

'Dio'm yn mynd i wneud gwahaniaeth mawr, y busnes Ewrop 'ma. Ond ma'n gwneud i fi deimlo'n well fod pobol erill yn teimlo fatha fi. A dwi'm yn licio'r busnes Britain First 'ma i chi gael dallt. Ond ma gynnan nhw bwynt 'fyd, does? Fatha'r Farage 'na. Dwi'm yn licio fo, ond mae o'n siarad sens. 'Dio'm yn defnyddio geiria mawr i drio'ch drysu chi fatha'r lleill. Ma o'n ei gwneud hi'n hawdd i ni ddeall pwy sy'n dda a phwy sy'n ddrwg.

Ond dwi'm yn hiliol, dalltwch. Jest yn gwarchod be sy gynnon ni. Achos ma'r mewnfudwyr 'ma'n beryg. Maen Nhw isio'n cymryd ni drosodd. Maen Nhw ym mhob man. Na, dwi'm yn gweld llawer ohonyn Nhw, ond dwi'n gwybod eu bod Nhw yma. Dwi 'di darllen amdanyn Nhw yn y papurau newydd, yn do?

Eginblanhigyn

Ebrill 2015

Syniad Dad oedd e. 'Mi wneith les i ti dreulio tamed bach o amser tu fas yn yr haul.' Edrychodd arna i yn y ffordd 'na sy 'da fe, fel 'tai e'n treial darllen iaith estron a ddim yn gwybod lle i ddechre. 'So fe'n naturiol i fachgen un ar bymtheg o'd fod â lliw mor salw ar ei gro'n.'

'Ond 'wi ar fin neud fy arholiade,' cwynais. 'Do's dim amser 'da fi ddechre garddio.'

Doedd Dad ddim yn hoffi'r ateb 'na a syllodd arna i gan ochneidio'n ysgafn, ysgafn.

'Galla i fynd â'r llyfre a'r laptop mas i'r ardd, a studio fan 'na os chi'n moyn...'

'Dim ots 'da fi ble ti'n studio. Gweud ydw i mai ti sydd *in charge* o'r *raised beds* eleni, a 'wi'n disgwyl gweld rhywbeth heblaw dant y llew yn tyfu ynddyn nhw.'

Felly ar ôl prynu'r compost a'r hadau a dod â nhw 'nôl gartre yng nghefn fan Dad, ges i 'ngadel tra aeth Dad i'r gwaith. Dywedodd Google wrtha i beth i'w wneud, a phan ddaeth Dad adre, roedd rhesiaid o focsys wyau gwag wedi'u hachub o'r bocs ailgylchu, pob un yn llawn compost.

'Beth yw hyn?'

'O'dd e'n gweud ar y we bod bocsys wyau yn dda i hadau. 'Wi 'di gadael nhw ar y patio, achos bydd yr haul arnyn nhw drwy'r dydd...'

'Ond ma golwg anniben arnyn nhw...'

Wedyn gwelodd e y pridd dan fy ewinedd i, ac am ryw reswm, gwnaeth hynny iddo gau ei geg.

Roedd hi'n braf, a byddwn i'n dyfrio'r hadau bach bob dydd. Ymhen llai nag wythnos, roedd llygad gwyrdd o ddeilen yn dechrau gwthio drwy'r pridd, a'r bore wedyn, roedd pump arall wedi'i dilyn.

Syllais arnyn nhw mewn rhyfeddod. Roedd e mor hawdd. Pridd, haul, dŵr a hadau oedd wedi bod yn cysgu mewn pecyn papur yn B&Q yn deffro'n sydyn, eu bywydau wedi'u hegino gan fy ngofal.

'Chi wedi'u gweld nhw?' gofynnais i Dad pan welodd e fi'n penlinio dros y bocsys wyau ar y patio. 'Maen nhw'n tyfu.'

'Beth y'n nhw?'

'So i'n cofio. 'Wi 'di plannu gymaint o bethe...'

'Wnest ti ddim 'u labelu nhw?'

'Naddo.'

Ochneidiodd Dad, a wnaeth e ddim edrych ar fy mhlanhigion bach, bach i. Doedd dim ots 'da fi beth oedden nhw – y rhosmari blannais i i Mam, neu'r cennin syfi, y teim neu'r rhuddygl. Cyn belled â'u bod nhw'n dal i dyfu.

Mwyar duon

Medi 2014

'Ond 'wi moyn mynd gatre,' cwynodd Elis, ei wyneb bach chwech oedd yn blygion pwdlyd. ''Wi moyn mynd gatre i whare trêns 'da ti.'

Trodd Mair oddi wrth y mieri i edrych ar ei mab, ond methodd â chadw'r wên oddi ar ei hwyneb. Roedd o'n edrych mor annwyl yn ei ddiflastod. 'Ond ma angen mwyar duon arnon ni, cariad. I wneud pwdin a hufen iâ.'

''Wi moyn prynu pwdin yn y siop. Gawn ni fynd i'r siop?'

Dim ond tair mwyaren oedd ym mhotyn bach Elis, ac ni fu'n rhaid iddo weithio mor galed am ei bwdin erioed o'r blaen. 'Mae'r pethe pigog 'ma'n rhoi lo's i 'mysedd i.'

Penliniodd Mair yn ymyl y bachgen, a rhoddodd ei braich amdano. 'Ond ry'n ni'n dod at y mieri mwyar hud nawr, cariad.'

'Hud?' Meddalodd wyneb Elis dan swyn y gair.

'Fan hyn fydde Mam-gu yn dod â fi pan o'n i'n groten, a fan hyn fydde 'i mam yn dod â hi. 'Yt ti'n gwybod pam?'

Ysgydwodd Elis ei ben.

'Oherwydd bod y mwyar 'ma'n gwneud i bobol dyfu. Meddylia di nawr... Mae Mam-gu a finne wedi tyfu'n fowr, on'd y'n ni? Felly mae'n rhaid 'i fod e'n gwitho.'

Syllodd Elis ar ei fam mewn rhyfeddod. Mwyar hud! Petai o'n bwyta'r rhain, byddai o'n tyfu i fod mor fawr â'i fam, bron mor dal â drysau'r tŷ ac yn rhy hir i orwedd yn ei wely bach. A byddai'n cael gwneud yr holl bethau gwych y bydd oedolion yn eu gwneud – gyrru car ac aros ar eu traed wedi saith o'r gloch a chael prynu beth bynnag oedd yn cymryd eu ffansi yn y siop.

Llenwodd Elis ei botyn bach plastig â mwyar duon tewion, gan ofalu dilyn cyfarwyddiadau ei fam, drwy wneud yn siŵr nad oedd darnau brown neu sych ar y ffrwythau. Weithiau, byddai'n bwyta mwyaren yn hytrach na'i rhoi yn y potyn.

"Yt ti'n teimlo dy hun yn tyfu?' holodd Mair, a nodiodd Elis o ddifri. Wrth gofio ei hun yn yr union fan yma gyda'i mam hithau yn hel yr haf i botiau bach, credai Mair yn siŵr ei bod hithau hefyd yn gweld Elis yn tyfu o flaen ei llygaid.

Cynffonnau ŵyn bach

Chwefror 2015

Roedd arwyddion ffrae neithiwr yn dal i fritho'r gegin pan godais yn y bore – papurau wedi'u gwasgaru dros y bwrdd fel lliain. Roedd Dad wedi codi'n barod, wedi diflannu i'r Ffridd Fawr i weld y ddiadell. Byddai'n gwneud hynny bob bore cyn brecwast, hyd yn oed pan fyddai hi'n stido bwrw neu'n wynt gwyllt.

Mentrais allan i'r buarth. Roedd hi'n oer, a 'ngwisg ysgol yn rhy fain i gystadlu ag awel bigog y Mis Bach. Ond roeddwn i'n hoffi'r adeg yma o'r flwyddyn, yn enwedig y wawr. Roedd hi'n fwy lliwgar rhywsut na haul yr haf, a'r gorwel rhwng y bryniau yn troi o nefi blw'r nos yn borffor clychau'r gog, cyn gwaedu'n oren llachar – lliw gwyliau, lliw tramor.

Roedd hyd yn oed y cwt ieir yn edrych yn dlws yn y golau yma, ac roedd hwnnw'n sinc rhydlyd hyll. Estynnais y gwpan o'r sach, a thaflu hadau bach i ganol yr ieir. Clwciodd ambell un, fel petai'n diolch mewn iaith estron, a phigo ar ei brecwast gyda symudiadau robotaidd, herciog.

Roeddwn ar fin mynd yn ôl i'r tŷ pan welais y cynffonnau ŵyn bach yn dawnsio ar y brigyn yn yr awel, a meddwl, am y canfed tro, mor glyfar oedd pwy bynnag a'u henwodd nhw. Nid yn unig roedden nhw union 'run fath â chynffonnau ŵyn bach go iawn, roedden nhw'n arwydd pendant bod yr wyna ar droed. Byddai Mam a Dad yn ei chanol hi cyn bo hir, yn effro tan berfeddion yn tynnu ŵyn ac yn tendio'r mamau newydd.

Tybed be oedd y rheswm dros ffraeo?

Ar amrantiad, tynnais frigyn o gynffonnau ŵyn bach a'i gario i'r tŷ. Byddai'n edrych mor dlws mewn jwg ynghanol y bwrdd, ac yn siŵr o dynnu meddyliau fy rhieni oddi ar y ffrae.

'Dos â fo allan o'r tŷ yma!' bloeddiodd Mam cyn gynted ag y croesais y trothwy – ei geiriau cyntaf wrtha i'r diwrnod hwnnw. Teflais y brigyn ar y buarth; syrthiodd y cynffonnau ŵyn bach yn llipa i'r llaid, a cholli eu hysgafnder a'u tlysni. Esboniodd Mam wedyn y byddai lwc ddrwg yn deillio o ddod â chynffonnau ŵyn bach i mewn i'r tŷ, a bod rhywbeth yn y gred yn ymwneud â cholli ŵyn go iawn.

Er nad ymatebais ar y pryd, credwn mai lliain o filiau coch, carbwl o brint mân yn ymwneud â'r ddiadell, oedd anlwc fwyaf ein hwyn bach ni eleni.

Dydd Sul arall

Mawrth 2015

Cafodd Miriam ei deffro gan arogl cig moch yn llosgi o dan y gril. Ochneidiodd, gan drio darbwyllo'i hun i aros yn y gwely, ymhyfrydu yn niogrwydd bore Sul. Roedd Sara'n un ar bymtheg, wedi'r cyfan, ac roedd hi'n annhebygol y byddai'n llosgi'r tŷ i'r llawr. Caeodd Miriam ei llygaid drachefn, a gwrando ar ei merch yn poeri llith o regfeydd ar y cig.

Ddylwn i ddim gadael iddi regi fel 'na, meddyliodd Miriam, yn enwedig ar fore dydd Sul. Cofiodd y blynyddoedd euraidd pan arferai Sara fynd i'r ysgol Sul, y ffordd y deuai adref bob wythnos wedi lliwio poster newydd, pob un yn seiliedig ar adnod, dihareb neu ar un o'r deg gorchymyn. Roedd 'Na ladd' yn dal yn y tŷ yn rhywle, a'r llun ysgytwol, manwl wedi gwneud defnydd sylweddol o'r creon coch.

Yn yr ysgol Sul y gwnaeth Sara gerdyn Sul y Mamau, yr un roedd wedi'i fframio a'i roi ar ddesg Miriam yn y stydi. Bu'r eneth fach yn glên efo'i mam, gan liwio'r gwallt ar flaen y cerdyn â chreon brown yn hytrach nag un llwyd, a rhoi gwell siâp i'w chorff nag y bu gan Miriam erioed, mewn bywyd go iawn. Cerdyn siop gafodd Miriam gan ei merch eleni – un mawr pinc, a llun cartŵn o ddynes yn garddio ar y blaen. Doedd Miriam ddim yn garddio, ond o leiaf mi gafodd gerdyn. Roedd hynny'n rhywbeth.

Rhegodd Sara unwaith eto, ei llais piwis yn llenwi'r tŷ fel cyfarthiad. Roedd 'na arogl coffi hefyd. Mae'n rhaid bod ganddi hangofyr a hanner. Dim ond hynny a ddenai Sara i godi'n gynnar ar fore Sul – ysfa am gig hallt a choffi, ac wedyn yn ôl i'r gwely tan ganol y pnawn.

Felly, cafodd Miriam syndod pan ddaeth Sara i mewn i'w

llofft gan ddal hambwrdd, a gosod y baned boeth a'r frechdan gig moch ar y bwrdd bach yn ymyl ei gwely. 'Efo sos brown, fel rwyt ti'n licio,' meddai'r ferch, yn dal yn ei phyjamas a cholur neithiwr yn duo'i llygaid.

'Ond... pam?'

Edrychodd Sara i ffwrdd. 'Ti'n fam dda, dwyt?'

'Ond wythnos dwytha roedd Sul y Mamau, 'raur! Mi gest ti gerdyn i fi, chwara teg i ti...'

'Ond mae o'n cyfri llawer mwy pan ti ddim yn 'i ddisgwyl o, yn tydi? Beth bynnag, dwi'm yn 'i neud o achos Sul y Mamau.' Brathodd ei gwefus. 'Dwi'n 'i neud o achos 'mod i isio. Diolch, Mam.'

Gwres

Mai 2016

Roedd Mali'n teimlo'n hen.

Hen deimlad oedd wedi sleifio i'w meddwl oedd o, fel llanw annisgwyl yn ysu am ryw draeth, ac yn sydyn, roedd hi yno, wedi cyrraedd canol oed yn ei phen ac yn teimlo wedi'i hynysu rhag holl obeithion a gwiriondeb ieuenctid.

Wrth giatiau'r ysgol y byddai'r teimlad ar ei gryfaf, a Mali'n sefyll ar ei phen ei hun, yn craffu ar y mamau eraill o gornel ei llygad ac yn trio penderfynu beth oedd yn eu gwneud nhw'n ifanc a hithau'n hen. Doedd o'n sicr yn ddim byd i'w wneud efo oed – roedd rhai o'r mamau eraill yn hŷn na hi. Felly beth oedd y rheswm? Osgo, efallai, ac ysgwyddau llac? Hwyrach ei fod o mor syml â steil gwallt a dillad. *Eyeliner* du ac aeliau trwchus, tywyll ar wyneb gwelw a main. Fyddai Mali'n edrych yn ifanc eto petai'n cyfnewid ei jîns a'i sgidiau cerdded am legins tyn a bwtsias sodlau trwchus?

Rhyw bnawn clên ym mis Mai, gadawodd Mali'r tŷ er mwyn 'nôl y plant o'r ysgol. Dyma ddiwrnod crys-t cynta'r flwyddyn, ac roedd y dref yn llawn o addewidion yr haf. Sŵn ceir ar y brif lôn, a'u llond nhw o ymwelwyr chwyslyd ar eu ffordd i rywle gwell. Roedd llinyn rhyw gân yn dianc drwy ffenest agored un o'r tai, ac adar bach yn trydar o dan y bondo. Cododd Mali law ar hen ddyn oedd wedi setlo ar fainc am y pnawn, ei dalcen o'n wrid lliw haul, ac ymatebodd drwy godi ei law a gwenu'n gysglyd. Ar y gornel, wrth y Post, roedd 'na ddyn mewn jîns a fest yn peintio dros y graffiti, a babi'n cysgu'n sownd mewn bygi wrth ei ymyl.

Teimlai Mali gusan yr heulwen ar ei breichiau, ar ei thalcen, ar ei gruddiau, a syrthiodd mewn cariad eto fyth â gwres caredig yr haul. Roedd popeth amdano'n foddion, hyd yn oed arogl y tarmac ar y lôn yn pobi'n araf, a'r llinyn o forgrug a groesai o ddrws y becws i'r bin gwyrdd ar y pafin yn ddarlun o hapusrwydd.

Erbyn i'w phlant redeg o'r ysgol, yn feddw ar bosibiliadau pnawn mor braf, doedd Mali ddim yn teimlo'n hen. Y gwres oedd wedi toddi'r blynyddoedd a galedodd o'i chwmpas. Llaciwyd ei hysgwyddau, a'r caglau yn ei meddwl. Ac ystyriodd Mali, yr hen ben, 'Mae'n amhosib teimlo'n hen yn yr haf'.

Haul

Awst 2016

Heatwave. Dyna maen nhw'n ei ddweud ar y we, a'r erthyglau powld yn frith o ebychnodau a phriflythrennau mawr coch. Mae Lili'n teimlo'i hun yn cynhesu wrth edrych ar y lluniau o gyrff gwelwon yn torheulo ar draethau Prydeinig, y ffotograffau o ferched ifanc mewn bicinis. *Heatwave*. Mae'r term yn plesio, a Lili'n dychmygu'r gwres yn agosáu fel swnami. Mae'n caru'r haul.

Yna, mae'r haul yn cyrraedd – dim ond am ddiwrnod neu ddau, dim byd mwy, dim fel y tymhorau cyfan o hindda fyddai'n cyd-fynd â gwyliau'r haf pan oedd hi'n ferch fach. Ond eto, mae'n ddigon, bron. Yn ddigon i ddadmer rhyw oerni sydd wedi bod ynddi'n ddi-dor ers y llynedd.

Y traeth. Mae'r plant yn gwynfanllyd yn y car ar y ffordd yno, chwys yn gludo'u coesau wrth seti'r car a phoethder trymaidd y cerbyd yn codi stormydd yn eu pennau. Ond maen nhw'n gwella ar ôl cyrraedd, ac awel y môr yn chwythu'r drwg i ffwrdd. Haen denau o ffactor 15 ar y ddau, ac maen nhw'n cael eu gollwng i dyrchu'r tywod, hel cregyn, chwilio am grancod. A Lili, wedyn, yn taenu tywel dros y tywod, yn plicio'i dillad oddi arni a gorwedd ar gwrlid meddal yn ei gwisg nofio.

Mae'r haul yn golchi drosti. *Heatwave*.

Does dim pwynt trio cael y plant i wisgo hetiau haul, meddylia Lili – bydden nhw'n cael eu diosg yn syth. Does dim eisiau eli haul arni hithau, chwaith, gan ei bod hi'n lwcus yn brownio yn yr haul, byth yn llosgi. Mae'n gwario ffortiwn ar *fake tan* fel arfer, felly bydd heddiw'n arbed arian iddi. Syrthia Lili i hanner cwsg hyfryd ar y tywod, yn feddw ar yr haf.

Erbyn amser cinio, mae'r eli haul wedi'i chwysu a'i olchi oddi ar grwyn y plant, ac wrth i Casi fach fwyta'i brechdan gaws, mae'n teimlo'i chefn yn llosgi dan lygad yr haul. Ond mae hynny'n iawn, achos bydd Mam yn dweud o hyd bod pobol yn edrych yn well ar ôl cael lliw haul. Gwyn iawn yw corff Casi. Mae hi wedi gweld ei mam yn peintio'i chorff yn frown gyda'r hen stwff yna sy'n drewi, ac mae Casi'n penderfynu ei bod hithau hefyd am edrych yn dlws ac yn frown.

Mae'r teulu'n ymhyfrydu yn y gwres, eu cyrff yn pobi'n araf, araf, dan lygad didostur yr haul creulon.

Troi'r clociau

Hydref 2014

Roedd ganddi staeniau du o dan ei llygaid glas. Colur y noson, yn fasgara ac *eyeliner*, wedi'i chwysu a'i chwerthin o'i le wrth iddi yfed a dawnsio a meddwi ar egni nos Sadwrn. Wrth i'r ddau adael y clwb ar y pier law yn llaw, ystyriodd Rhodri beth i'w wneud. Oedd dyn i fod i ddweud wrth ddynes bod ei cholur hi yn llanast ar ei hwyneb? Fyddai hi'n gwrido ac yn mynd yn embaras i gyd? Oni fyddai'n waeth iddi orfod aros tan iddi ddod wyneb yn wyneb â drych, ac yna sylweddoli ei bod hi wedi edrych fel hyn yn ei gwmni o?

'Dere.'

Tynnodd Ffion ar ei law, a cherddodd y ddau ar hyd prom Aberystwyth, y goleuadau stryd yn eu lliwio'n oren. 'Faint o'r gloch yw hi?'

Edrychodd Rhodri ar ei watsh, a stopiodd yn stond.

'Un o'r gloch. Ond ry'n ni'n troi'r clociau yn ôl heno. Felly hanner nos. Ail hanner nos heno.'

Goleuodd llygaid Ffion, gan sgleinio fel y môr yn ei medddod. 'Ail hanner nos.'

Tua'r hanner nos cyntaf, roedd Rhodri wedi dal ei llygad hi wrth y bar, wedi dotio at ei gwên hawdd a'i henaid hwyliog. 'Ma 'da ni awr ychwanegol,' meddai wrthi nawr, gan dynnu ei chorff i'w freichiau. Er mor oer oedd y noson, teimlai Ffion yn gynnes. 'Beth am i ni wneud rhywbeth 'da fe?'

Nid brysio 'nôl i'r neuaddau i garu – roedd hynny'n rhy hawdd, yn batrwm rhy amlwg i'w ddilyn. Na, cydiodd Rhodri yn llaw ei gariad unnos, a cherddodd y ddau yr holl ffordd ar hyd y prom, ac yna yn ôl drwy'r dref ar hyd y strydoedd. Sgwrsiodd y ddau, a stopio wrth ffenestri siopau, gan edmygu neu ddirmygu'r nwyddau oedd ar werth.

Aethant i'r castell, ac yna'n ôl i'r prom. Eisteddodd y ddau ar fainc oedd â'i phaent gwyrdd yn plicio. Bu ennyd o fudandod wrth i'r môr sibrwd.

'So ti'n ffansïo fi, 'te?' gofynnodd Ffion mewn llais tawel, fel petai effeithiau'r cwrw wedi anweddu i awel mis Hydref.

'Pam ti'n gweud 'ny?'

Gwenodd Ffion yn drist. 'So bechgyn fel arfer yn mynd â merch am wac ar ôl pigo ddi lan mewn clwb.'

Lapiodd Rhodri ei fraich o gwmpas ei gymar dros dro, ac ystyried mor dlws y byddai'n edrych ar ôl glanhau'r colur oddi arni. 'Mae awr ychwanegol 'da ni heno. Ni sydd piau hi.'

Cydsynio

Hydref 2016

Bu llawer o ddadlau a thrafod ynglŷn â chydsynio i gael rhyw yn dilyn achos y pêl-droediwr Ched Evans.

Yn ôl yn ei dŷ, roedd hi'n edrych yn wahanol. Efallai mai ar y golau oeraidd digysur roedd y bai, yn lle goleuadau lliwgar y dafarn, neu'r ffaith bod ei cholur wedi dechrau lledaenu fel hen glais o gwmpas ei hwyneb. Wrth iddi orwedd yn ôl ar ei wely, ei ffrog yn crychu o'i chwmpas, doedd hi ddim yn edrych yr un fath. Ond roedd hi'n ddynes go iawn o dan y guddwisg.

Wyddai Guto ddim beth i'w wneud nesaf. Roedd y ferch ei hun wedi tynnu sgert ei ffrog i fyny cyn gorwedd yn ôl, gan ddangos cnawd lliw llefrith ei chluniau. Er bod ei llygaid ynghau, roedd hi'n dal i fwmial ambell frawddeg er mwyn denu Guto ati – geiriau rhywiol, deniadol, y math o bethau y byddai genod yn eu dweud mewn ffilmiau budron gwael. Yn ei fedd-dod, gwyddai Guto ei fod yntau'n simsan, yn wirion amdani yn ei diod.

Baglodd dros yr ystafell tuag ati.

Gwyddai na fyddai hi'n cofio dim am hyn yn y bore. Efallai nad oedd ots ganddi – efallai ei bod hi'n gwneud hyn bob nos Sadwrn, ac yn deffro bob bore Sul mewn gwahanol wlâu, mewn gwahanol dai. Efallai fod medd-dod yn gwneud iddi deimlo'n atyniadol, yn rhywiol, yn ddel. Efallai nad y weithred rywiol oedd yn bwysig iddi hi, ond y ffaith bod rhywun eisiau ei chorff.

Stopiodd Guto wrth gyrraedd y gwely.

Ar y llaw arall, efallai y byddai hi'n teimlo'n fach ac yn fudr yn y bore, a'i noethni'n brifo'n fwy na'r hangofyr.

Efallai y byddai hi'n teimlo hoel ei gorff a'i ddwylo arni, ac yn teimlo nad oedd hi'n berchen ar ei chorff ei hun. Efallai y byddai hi'n cywilyddio mai hi oedd ar fai am yfed gormod. Does dim disgwyl i ddyn sylweddoli mai peth niwlog iawn ydi cydsyniad pan fo rhywun wedi'i dal hi.

Camodd Guto yn ôl.

Gwyddai nad oedd y gyfraith yn disgwyl iddo fod yn garedig. Gallai ildio'i gyfrifoldeb tuag at y ddynes feddw, a gwneud fel y mynnai â hi. Wedi'r cyfan, doedd hi ddim wedi dweud na, ddim wedi ei wrthod.

Ond roedd 'na ddynes o dan y colur a dylanwad trwm y Jack Daniels a Coke. Dynes go iawn, a chalon, a chorff oedd yn perthyn iddi hi ei hun. Yn Guto, o dan y Lynx a'r niwl Strongbow, roedd dyn go iawn. Taenodd flanced dros goesau noethion y ferch, a gadawodd iddi gysgu yn ei wely. Roedd hi'n haeddu llonydd yn ei medd-dod.

Arholiadau

Mehefin 2014

Mae'r gerdd yn nodweddiadol o steil ôl-fodernaidd y bardd, a'r amrywiaeth mewn…

Cymylodd y geiriau ym meddwl Osian, a chaeodd ei lygaid yn dynn, dynn. Roedd y neuadd yn siffrwd. Beiros ar bapur. Cant o ddisgyblion yn anadlu. Un neu ddau yn sibrwd dan eu gwynt, yn sibrwd y geiriau ar eu tafodau cyn eu sgwennu ar y papur arholiad.

… a'r amrywiaeth mewn sillafau yn…

Brathodd Osian ei feiro. Dad oedd wedi prynu'r set beiros newydd ar ôl y Pasg, wedi talu ffortiwn ar y we, ac wedi gwneud sioe fawr o'u cyflwyno i Osian ar ôl cinio un pnawn dydd Sul.

'Do'n i ddim yn hoffi meddwl amdanat ti'n ysgrifennu ar bapur arholiad 'da beiros ceiniog a dime,' esboniodd wrth iddo wthio'r bocs o Parker Pens dros y bwrdd bwyd at ei fab. 'Byddi di'n sgrifennu pethe gwych 'da'r rhain.'

Roedd Osian wedi gwenu ac wedi diolch, cyn agor y bocs a thrio pob beiro yn ei thro. Llofnododd ei enw droeon ar ymylon tudalennau chwaraeon y papur dydd Sul, nes bod ei farc yn forder amryliw o gwmpas y canlyniadau pêl-droed.

... a'r amrywiaeth mewn sillafau yn gwrthgyferbynnu â'r cerddi caeth oedd...

Roedd 'na rieni gwaeth na'i dad. Gwyddai Osian hynny'n iawn. Pe na byddai'r canlyniadau gystal â'r disgwyl, byddai rhai rhieni'n bygwth eu plant na fyddai gwyliau, na chaniatâd i fynd allan i gael hwyl, nac i weld cariad hyd yn oed. Roedd rhai wedi cael eu caethiwo i'w cartrefi a'u llyfrau ers misoedd, a rhai eraill wedi gorfod rhoi eu ffonau symudol i'w rhieni dros gyfnod yr arholiadau.

Ond wrth feddwl am wyneb gobeithiol ei dad wrth iddo lithro'r bocs Parker Pens dros y bwrdd y dydd Sul hwnnw, meddyliodd Osian yn siŵr mai dyna oedd y teimlad gwaethaf. Y pwysau o gynnal ffydd ei dad, y pwysau o gynnal ei falchder.

... gyda'r cerddi caeth oedd mor boblogaidd ar y pryd.

Gosododd Osian y feiro drom ar y bwrdd, a theimlo'i fochau'n poethi. Medrai ddychmygu wyneb siomedig ei dad petai o'n gwneud yn sâl – y siomedigaeth yn gwelwi ei ruddiau, yn crychu ei dalcen. Fyddai o ddim yn gas, ond byddai hynny'n waeth rhywsut. Caeodd Osian ei lygaid, a gwrando ar siffrwd beiros ar bapurau arholiad. Sŵn sibrwd ffawd yn cael ei sgwennu mewn inc du, anfaddeugar.

UKIP

Mai 2014

Roedd yr arwydd a osodwyd yng ngardd Tŷ Mawr cyn yr etholiad fel gwahoddiad i barti plant – sgwâr mawr piws a melyn, yn syndod o siriol. Wedi ymddangos dros nos, meddyliodd Meira, fel petai'r tylwyth teg wedi sleifio i'r pentref yn yr oriau mân, ac wedi gosod yr arwydd ar y tŷ mwyaf a harddaf yn y pentref.

Rhai digon clên oedd y ddau yn Nhŷ Mawr, chwarae teg. Simon ac Emma, pâr priod yn eu pumdegau, a'r ddau wastad yn rhoi pres papur yn amlenni Cymorth Cristnogol ac yn rhoi da-das i'r plant bach ar Galan Gaeaf. Roedd Emma'n ddigon cyfeillgar a chan fod tŷ Meira'n rhannu ffens efo Tŷ Mawr, byddai'r ddwy'n sgwrsio weithiau wrth arddio.

Chwynnu roedd Meira pan ddaeth Emma allan i dynnu'r arwydd UKIP i lawr wedi'r etholiad. Sylwodd ar Meira, a rhoddodd wên gynnes iddi.

'Lovely day.'

'Very nice.' Sythodd Meira, a phwyntiodd at yr arwydd ym mreichiau Emma. 'You must be very pleased.'

'What? Oh yes, yes, we did very well.'

Gwenodd Meira. Am ryw reswm, meddyliodd am Mr Jenkins Tŷ Mawr yn bloeddio canu wrth ei biano slawer dydd, ei *vibrato* yn gwthio sain emynau'r diwygiad i bob cwr o'r pentref... Ysgydwodd Meira'i phen. Roedd Mr Jenkins wedi marw ers bron i ugain mlynedd. Doedd hi heb feddwl amdano ers blynyddoedd.

'I was expecting a little friction with the villagers about our UKIP sign,' meddai Emma gan wenu'n dlws. 'What with the media painting us all as racists. But we haven't heard a peep from anyone!' Ochneidiodd yn foddhaus. 'I don't think people really care, do they?'

'No,' cytunodd Meira. Nid fel ers talwm. Roedd pobol yn gofalu am ei gilydd ers talwm, pan fyddai pawb yn nabod pawb, a phawb yn mynd i'r côr, y capel a'r eisteddfodau.

'It's just common sense, after all,' meddai Emma wedyn. 'People are very afraid to tackle immigration, but we all know that it's a problem that must be faced.' Ysgydwodd ei phen. 'Think of a small village like ours, Moira! What would happen if immigrants colonised here?'

O Surrey y daeth Emma a Simon, a Howard a Jenny Cae Ucha o Birmingham. Dorothy a Clive Bwthyn Bach o Chelmsford, a Mrs Fox Rheithordy o Cumbria. A Meira oedd yr unig un ar ôl o'r pentref, yr unig un o blant y pentref.

'Terrible,' sibrydodd Meira, cyn troi ei chefn.

Plant Mewn Angen

Tachwedd 2015

Mae e'n gweud mai fy ngwallt o'dd y peth cyntaf a ddenodd ei lygaid ata i – gwallt golau, bron yn wyn, yn crogi i lawr fy nghefn yr holl ffordd i lawr at fy mhen ôl. Roedd e'n meddwl 'mod i'n edrych fel angel.

Wedodd e ddim o 'ny'n union pan ddaeth e draw i siarad 'da fi, chwaith, dim ond gofyn, 'Excuse me, ond 'yt ti'n albino neu rwbeth?' Diolch byth, ro'n i mewn tymer dda, a gwenes i arno fe. Wedodd e wedyn bod e'n hoffi albinos, bod 'da fe gwningen wen 'da llygaid pinc pan o'dd e'n fachgen bach.

Meddyliais i'n syth fod golwg drist arno fe – golwg anobeithiol. Roedd e'n edrych fel pe bai e ar goll o hyd. Ond fe wellodd e, ar ôl bod am ychydig fisoedd 'da fi, a doedd e ddim yn ymddangos fel 'tai e wedi colli rhywbeth mwyach.

Mae criw mawr wedi dod heno, pobol mewn hwyliau da yn dathlu. Rydw i'n aros fy nhro, gan wneud fy ngorau i gofio pam 'mod i 'ma. Ond mae'r dyn ar y llwyfan yn gweud bob yn ail funud – 'Dewch nawr, rhowch bob ceiniog sbâr sy 'da chi i gefnogi Plant Mewn Angen.' Ac wedyn mae fy nhro i wedi cyrraedd, ac rwy'n eistedd ar y llwyfan.

Mae'r fenyw trin gwallt yn cydio yn ei siswrn – yn torri rhaff aur o sidan o gefn fy mhen ac yna'n dechrau gyda'r clipers. Mae teimlad y peiriant ar fy nghorun yn gwneud i mi grynu ac mae'n rhaid i mi frwydro yn erbyn y dagrau. Pwy fydda i heb fy ngwallt? Shwt fedra i edrych yn y drych heb anobeithio? Fydd pobol yn credu 'mod i'n sâl? Mae'r blew golau yn siffrwd i lawr i'r llawr fel plu angel.

Dyna pryd dwi'n ei weld e, yn sefyll yn y tu blaen. Mae e'n hapus, yn gwisgo gwên, er nad oedd e'n gwybod sut i wenu pan gwrddes i â fe. Fe alla i anghofio'r holl bryderon, gan mai plentyn mewn angen oedd e gynt, ond galla i weld nawr ei fod e'n iawn. Does dim angen unrhyw beth arno fe erbyn hyn.

Mair – stori'r Geni

Rhagfyr 2014

Rwyt ti fel fi.

Yn dair awr oed, mae dy lygaid bach ar gau a dy anadl yn llanw hyfryd o ocheneidiau. Mae dy wefusau'n denau a llydan, fel fy rhai i, dy wyneb yn fach ac yn grwn, fel f'un i. Fedra i ddim gweld Jo ynot ti o gwbl.

Mae hi'n oer yma, ond rwyt ti'n gynnes braf, fy machgen

annwyl i. Rydw i wedi dy lapio di ar fy mrest er mwyn i ti gael budd o wres fy mynwes. Fel hyn, cnawd ar gnawd. Mi fedra i dy deimlo di'n anadlu a bob tro y gwna i hyn mae'n teimlo fel bendith.

Un clên yw Jo, yn dod â diod gynnes i mi, yn hwylio bwyd, yn sbecian arnat ti bob hyn o hyn. Mae o'n gwenu arnat fel petai o'n dad i ti. Dwi'n meddwl ei fod o wedi dewis anghofio mai dim ond fy ngŵr i ydi o, a dim ond gwarchodwr i ti.

Rwyt ti'n hanner deffro, yn dechrau swnian. Cyn i ti grio, rydw i'n dy fwydo di, ac mae dy wefusau bach meddal yn cau ar fy mron, yn dy leddfu di'n syth bìn. Dwi'n meddwl mai dy synau bach di'n bwydo o 'mron ydi'r synau hyfryta dwi wedi'u clywed erioed – yn well na'r adar mân, yn well na Jo yn mwmial 'dwi'n dy garu di' pan fydd o'n meddwl 'mod i'n cysgu. Yn llawer, llawer gwell na geiriau rhyw negesydd yn dechrau dweud ei ddweud gyda 'Paid ag ofni, Mair' a finnau wedyn, wrth gwrs, yn dwll o ofn. Roedd o'n rhywbeth i'w ofni, hefyd; er bod y negesydd yn trio dweud mai braint oedd hyn, chlywais i ddim llawer mwy na'r honiad nad babi Jo wyt ti, ond babi rhywun arall.

Rwyt ti'n effro am ryw ychydig ar ôl cael llond bol o laeth, yn syllu arna i, dy lygaid mawr yn archwilio dy gynefin am y tro cyntaf. Achos fi ydi dy gynefin rŵan. Efo fi y byddi di, wedi dy glymu wrth fy mrest i, yn bwydo ac yn gwylio ac yn dysgu siarad a chwerthin yn fy nghwmni i. Fi fydd yn sychu dy ddagrau pan fyddi di'n cwympo, a fi fydd yn canmol, dwrdio a dysgu'r drefn. Uwchlaw pob dim, fy mabi i wyt ti, 'nghariad annwyl i, waeth pwy ydi dy dad.

Fi pia ti am rŵan.

Fi pia ti.

DYDDIADAU PWYSIG

Ffydd

Rhagfyr 2016

'Dim ond wythnos sydd cyn y Dolig.' Tynnais y cwrlid yn dynn dros gorff bach main Dafydd, a diffodd y golau mawr. Ro'n i wedi plethu goleuadau Nadolig o gwmpas y silff lyfrau yn ei lofft, a disgleiriai'r rheiny yn lliwiau fferins gwydrog. 'Mae'n siŵr bod Siôn Corn wrthi'n pacio'r sachau rŵan, sti...'

'Dad?' gofynnodd Dafydd, a'i lygaid yntau mor loyw â'r goleuadau bychain. 'Mae 'na ffasiwn beth â Siôn Corn, does?'

Cymerais anadl ddofn, a gwasgu fy ewinedd i mewn i 'nghledrau. 'Be sy'n gwneud i ti ofyn hynny, 'ngwas i?'

'Elgan ddeudodd yn 'rysgol bod o'n wirion coelio mewn rhywun, pan nad oes 'na neb byth yn 'i weld o.'

Trodd ei lygaid ata i, a gwelais nad gofyn oedd o, ond erfyn. Doedd o ddim am i mi ddiffodd hud y Nadolig iddo.

'Wel, dwi'n coelio mewn llawer o betha dwi heb eu gweld, Daf.'

Lledodd ei lygaid fel golau'n cynnau. 'Fel be?'

'Wel. Fues i 'rioed yn Fiji, ond dwi'n coelio bod 'na ffasiwn le yn bod.'

Nodiodd Dafydd yn araf, yn ceisio cymharu ffydd yn Fiji a ffydd yn Siôn Corn. 'Ydi hynna 'run fath, ti'n meddwl?'

'Wel. Dwi'n coelio yn Nuw hefyd. A does neb wedi 'i weld o, nag oes?'

Gwenodd Dafydd wedyn, wedi'i blesio gan yr esboniad yna. 'Ac mae'n rhaid bod Elgan yn coelio yn Nuw, yn tydi, Dad, achos fel arall fasa fo ddim yn dathlu'r Nadolig.'

'Wel, ma petha'n ddu iawn ar bobol sy 'mond yn coelio yn yr hyn ma nhw'n gallu'i weld, Daf. Achos fedri di ddim gweld teimlada, na miwsig. Fedri di ddim gweld y petha da am rywun jest drw sbio arnyn nhw, na fedri?'

'Ond ti'n gweld pobol yn dawnsio i fiwsig, Dad, a ti'n gweld pobol yn glên efo'i gilydd yn gwenu. A ti'n gallu teimlo cariad, dwyt, felly does 'na ddim angen gallu'i weld o.'

Llyncais fy mhoer, a theimlo'r pethau anweledig hyfryd yn cronni y tu mewn i mi. 'A ti'n teimlo Duw, yn dwyt? A Siôn Corn, mewn ffordd.'

Crychodd ael fy mab mewn penbleth. 'Dwi ddim yn siŵr 'mod i'n teimlo'r petha yna, Dad.'

'Wel. Ma nhw'n bod os wyt ti'n coelio ynddyn nhw, 'li. Rŵan cau di dy lygaid, 'ngwas i. Nos da.'

Ufuddhaodd Dafydd, a thaflodd goleuadau'r Nadolig liwiau ffenestr yr eglwys dros ei wyneb tlws.

Adfent

Tachwedd 2016

Wrth i mi fwyta'r siocled o 'nghalendr Adfent, dwi'n sylwi bod gan Dad ddefod newydd i'w chwblhau rhwng brecwast a golchi'r llestri. Mae o'n agor un o'r cypyrddau bwyd, ac yn dewis rhywbeth. Yna, mae o'n rhoi'r eitem – tun neu focs neu becyn – mewn *bag for life* y tu ôl i ddrws y gegin.

Prin y sylwes i yn ystod y dyddiau cyntaf ei fod yn gwneud hyn – dwi ddim ar fy ngorau yn y boreau – ond erbyn yr ail wythnos, a'r bag yn dechrau llenwi, dwi'n holi Dad.

'Be ti'n neud?'

Mae o'n edrych i fyny o'i lestri. Dydi Dad ddim yn ddyn boreau chwaith ac mi fedra i weld plygion ei obennydd fel craith ar ei rudd. Mae ei wallt yn sglein llaith ar ôl iddo fod yn y gawod.

'O, jest calendr Adfent bach fy hun.'

Dwi'n codi fy aeliau, yn gobeithio am fwy o esboniad.

'Un peth bob dydd, tuniau neu jariau neu fwyd sych. Mi a' i â nhw i lawr i'r banc bwyd 'chydig ddyddia cyn y Dolig.'

Dwi'n llyncu fy siocled, ac yn mynd i fusnesu yn y *bag for life*. Hyd yn hyn, mae 'na focs o stwffin, dwy jar o bicls, bocs mawr o gracers, tuniau o datws, moron a phys, a Toblerone mawr.

Mae Dad yn prynu cinio Nadolig i rywun.

Dwi'n edrych i fyny arno, ond mae o eisoes wedi troi ei sylw at y llestri brecwast, ei feddwl ar y dydd sydd o'i flaen. Dwi'n syllu arno am ychydig, yn gwylio'r ffordd mae'r swigod bychain o'r bowlen olchi llestri yn creu modrwyau, yn wyn fel eira, yn wyn fel barf Siôn Corn, o gwmpas ei freichiau. Heddiw, bydd o'n eistedd yn ei swyddfa'n gweithio drwy'r dydd, yn mynd i gyfarfodydd efo dynion eraill 'run fath â fo. Efallai y bydd o'n galw mewn ambell siop i orffen y siopa Nadolig ar ei ffordd adref, gan wario cannoedd ar ffôn neu gyfrifiadur newydd i mi. Fydd o ddim yn gweld neb mewn angen drwy'r dydd, ddim yn cwrdd ag unrhyw un a fydd yn methu fforddio cinio Nadolig.

Ac eto, mae rhywbeth am eleni yn gwneud iddo fod eisiau rhoi ychydig mwy. Yn gwneud iddo ychwanegu ambell beth yn y troli yn Tesco, a threulio amser yn trio dyfalu beth ydi'r cynhwysion fydd yn gwneud y Nadolig yn un llwyddiannus.

'Diolch, Dad.'

Mae o'n edrych i fyny, ac yn fy ateb gyda gwên.

Gwyn

Rhagfyr 2013

'I'm dreaming of a white Christmas
Just like the ones I used to know...'

Nid dyna oedd ei hoff gân Nadolig, ond mi wnâi'r tro. Wrth i'r radio yn y gornel dywallt llais Bing Crosby i'r lolfa, gosododd Meryl weddill y tinsel gwyrdd ar y goeden. Safodd yn ôl i'w hastudio. Aeth ati i symud un o'r sêr bach sgleiniog fymryn i'r chwith, un o'r peli *bauble* euraidd un gangen yn uwch. Safodd Meryl yn ôl eto i gael gwell golwg ar ei champwaith.

Perffaith. Cydbwysedd o dinsel, sêr a *baubles*. Lliwiau oedd yn gweddu i'w gilydd, a'r goleuadau'n plethu rhwng y nodwyddau pin ar y brigau. Dim goleuadau amryliw fel oedd yn ffasiynol y dyddiau hyn, ond golau gwyn.

Ar sgrin fawr y teledu ar y wal, roedd cegau'n siarad yn fud, a phobol bruddglwyfus yn sgwrsio heb 'run arlliw o wên ar eu hwynebau. Roedd Meryl yn hoffi cael y teledu ymlaen, hyd yn oed pan fyddai hi'n brysur yn gwneud rhywbeth arall. Wedi diffodd y sain, byddai'r wynebau a'r tirluniau a'r straeon dirifedi yn cynnig cwmni iddi, lliwiau i dynnu sylw'i llygaid a difyrru ei meddwl am ychydig.

Daeth gwên i'r sgrin o'r diwedd. Hen lun o Nelson Mandela. Gwenodd Meryl yn ôl ar y llun. Roedd hi'n amhosib peidio â gwneud. Bodlondeb, dyna oedd o. Roedd Mandela wedi treulio gaeaf ei oes yn gwenu fel petai'n anrhydedd cael byw.

Trodd Meryl ei llygaid oddi wrth y sgrin ac edmygu ei gwaith addurno. Y goeden, a'r angel penfelyn ar y brig, ei wyneb mor wyn â'i wisg. Ar sil y ffenest, modelau bach cywrain: y Baban Iesu yn ei breseb, Mair a Joseff, y bugeiliaid a'r doethion, eu cnawd yr un lliw â thudalennau Beibl newydd sbon. Y cardiau Nadolig, degau ohonyn nhw: ambell robin goch; coed pinwydd talsyth; Siôn Corn, ei farf lliw eira yn gwmwl dan ei lygaid gleision.

Mae popeth am y Nadolig mor wyn, meddyliodd Meryl, a throdd ei llygaid yn ôl at y sgrin am eiliad fer. Angladd Mandela. Môr o ddillad tywyll. Chwys yn hel o dan goleri crysau pobol bwysig mewn tywydd chwilboeth. Galar cignoeth. Fel tasa hi ddim yn Nadolig o gwbl.

I'm dreaming of a white Christmas...

Hela'r dryw

Ionawr 2016

Byddai o'n dechrau ar Ŵyl San Steffan. Bu'n rhaid i Mari eistedd ar ei dwylo am weddill gwyliau'r Nadolig, ei bysedd yn crefu am gael gwared ar bob arwydd o'r ŵyl oedd bellach yn rhaflog a blinedig yr olwg. Y goleuadau bach ar y ffenest, a edrychai mor dlws â phapurau fferins cyn y pumed ar hugain, nawr yn codi cur pen gyda'u blincio parhaus. Y cardiau amryliw yn gwneud i bob man edrych yn flêr, a'r goeden yn diosg ei nodwyddau bychain fel hydref arall yng nghornel y lolfa. Ysai Mari am ffresni tymor newydd, am dawelwch disglair gwrthban o eira, am y gobaith o wanwyn yn deor dan haen o rew.

'Chawn ni mo'u tynnu nhw i lawr tan y chweched o Ionawr,' meddai Deio, ei sgrin fach yn ei law a'i fysedd bychain yn chwilio'r we heb feddwl, bron. 'Hei, Mam, gawn ni fynd i weld y Fari Lwyd?'

'Na chawn siŵr! Ti'n gwybod fel mae'r benglog 'na'n codi

ofn arna i. A waeth i ti heb â gofyn am gael mynd i ganu gwasael chwaith, 'ngwas i – fydd pobol rownd ffor 'ma'n dallt dim ar be ti'n drio'i wneud.'

Rhegodd Mari'n dawel dan ei gwynt. Ers i Miss Evans yn yr ysgol ddechrau dysgu'r plant am hen arferion Cymreig, roedd gan Deio obsesiwn amdanyn nhw, fel y byddai'r plant eraill yn gwirioni ar *Star Wars*. Hen ben oedd o, mae'n siŵr, ond feiddiai Mari ddim cyfaddef wrth unrhyw un faint roedd hi'n pryderu yn ei gylch. Byddai o'n treulio oriau ar wefannau hanes fel y byddai'r lleill yn gwastraffu'u dyddiau gyda Minecraft.

'Cha i'm hela'r dryw, chwaith, mae'n siŵr,' meddai Deio'n bwdlyd.

'Be?'

'Hela'r dryw. Roedd pobol yn arfer mynd â dryw bach 'di marw rownd y tai mewn tŷ bach pren, a rhubanau del drosto fo i gyd, ac yn canu a chael hwyl a ballu.'

'Ma hynna'n waeth na phenglog ceffyl, Dei.'

'Nadi! Mae o jest i ddangos bod hyd yn oed y dryw, sy'n fach ac yn gyffredin, yn gallu bod yn bwysig weithia.'

Syllodd Mari ar ei mab bach, ei gefn wedi crymu dros y sgrin a'i symudiadau yn herciog a chyflym fel aderyn. Gwyddai Mari sut roedd pobol yn hela'r adar lleiaf un. 'Mae'n well i'r deryn bach plaen fod allan yn hedfan yn yr awyr na bod yn dderyn bach pwysig wedi marw mewn bocs, yn tydi, 'ngwas i?'

Ond chlywodd Deio mohoni. Roedd o'n rhy brysur i glywed.

Rhosynnau Dwynwen

Ionawr 2015

'Beth yw hyn?'

Syllodd Madge ar y rhosod gwynion oedd mewn gwydryn ar y bwrdd. Blodau o'r garej oedden nhw, neu efallai rai oedd wedi'u pigo'n frysiog o'r casgliad blinedig yn Spar y dref. Sylwodd Madge ar ambell un o'r petalau'n crychu, yn crino a brownio fel papur pobi.

'Ma ddi'n ddiwrnod Santes Dwynwen heddi.'

Syllodd Madge ar Llew, ac yntau'n osgoi ei llygaid wrth syllu ar dudalen flaen y papur newydd. Trodd ei golygon yn ôl at y blodau, a hwythau fel petaent yn tyfu'n brydferthach gyda threigl yr eiliadau.

'Santes Dwynwen?'

'Ie. Brynes i rosys i ti.'

Agorodd Madge ei cheg ryw fymryn, fel petai'n methu dirnad beth oedd yn digwydd ar ei haelwyd.

'Wyt ti'n cael *affair*?'

Ebychodd Llew, ac ysgydwodd ei ben, ochenaid o rwystredigaeth yn dianc dan ei fwstás. 'Paid â bod yn sofft. Anrheg y'n nhw. Dyna i gyd. Wna i ddim trafferthu'r flwyddyn nesa...'

Eisteddodd Madge wrth y bwrdd, wedi'i llonyddu gan y weithred fach ramantus. Doedd Llew ddim wedi prynu blodau iddi erioed o'r blaen, ddim hyd yn oed pan oedd y ddau'n canlyn. Dim pan aned y plant, dim ar ei phen-blwydd, na chwaith ar benblwyddi priodas pwysig.

'Ond pam?'

Anwybyddodd Llew ei chwestiwn, er ei fod o'n gwybod yr ateb. Efallai y dylsai fod wedi esbonio wrth ei wraig sut y bu'n ei gwylio hi neithiwr wrth iddi wagio'r peiriant sychu dillad yn y gegin. Dros ei baned hwyr, roedd Llew wedi codi'i lygaid am y tro cynta ers amser maith, ac wedi edrych, yn iawn, ar ei gymar. Roedd golwg flinedig arni wrth iddi estyn y trowsusau, y crysau-t, y dillad isaf a'u plygu'n sgwariau bach taclus. Gwyliodd ei dwylo'n clymu parau o sanau ynghyd, y crychau ar ei bysedd fel menig dros y dwylo ifanc a fu ganddi ers talwm. I sŵn y radio, a heb feddwl, roedd ei gwefusau'n canu'n fud efo'r gân a lenwai'r gegin.

Efallai y dylsai Llew fod wedi ateb gyda'r hyn a ddaeth i'w feddwl wrth iddo'i gwylio hi'n cyflawni'r tasgau cyffredin, bob dydd. *Pam? Am dy fod ti'n dal yn gariad i mi, Madge.*

Cododd Llew ei olygon, a dal llygad ei wraig, ei gariad.

'Diolch, Llew,' meddai'n dawel, a gwenodd y ddau, yn deall y distawrwydd i'r dim.

Rhyddid ar ddydd Santes Dwynwen

Mawrth 2016

Roedd digwyddiadau fel 'na wedi bod yn bwysig i Sioned: diwrnod Santes Dwynwen, pen-blwydd eu priodas a diwrnod San Ffolant. Doedd tusw o flodau a bocs o Milk Tray ddim yn ddigon, fel y dysgodd o yn y blynyddoedd cynnar o fyw efo hi. Rhaid oedd cael rhywbeth y gallai Sioned ei gadw. 'I ni gael cofio, yntife,' meddai hi ar ôl un dydd San Ffolant siomedig, a dim ond dwsin o rosys a phryd o fwyd yn y bwyty Eidalaidd yn anrheg.

'Gei di gadw'r cerdyn,' ceisiodd Tomos resymu â hi, ond ysgwyd ei phen wnaeth Sioned, fel petai o'n ynfytyn nad oedd yn deall dim. Wedi hynny, byddai'n prynu tlysau iddi bob blwyddyn, yn ogystal â'r siocled a'r blodau, ac yn mynd â hi am bryd o fwyd. Byddai Tomos yn gwylio'i wraig yng ngolau cannwyll dros fwrdd y Bella Italia, yn sylwi ar y golau'n wincio arno o'r mwclis neu'r clustdlysau neu'r fodrwy newydd roedd hi'n eu gwisgo. Doedd hi ddim yn mwynhau'r bwyd. Wel, fyddai hi byth yn ei orffen, p'run bynnag, nac yn dangos unrhyw frwdfrydedd tuag at y blasau cymhleth, drud.

Roedd rhyw olwg siomedig wedi bod yn ei llygaid hi ers blynyddoedd. Ers y dechrau, efallai, ond bod Tomos yn rhy ddall bryd hynny i weld na fyddai byth yn medru cael gwên go iawn ganddi. Pan fyddai hi'n agor y tlysau a gâi ganddo ('O! Emrallt. Diolch. So gwyrdd yn mynd yn dda iawn 'da 'nghro'n i, ond...'). Pan fyddai hi'n ei glywed yn archebu cwrw gyda'i fwyd yn lle gwin (ochenaid fach siomedig, mor ysgafn â phluen). Y ffordd y byddai hi'n edrych arno pan fyddai'n dod i lawr y grisiau yn ei siwt. Doedd o ddim yn ddigon da.

Byddai eleni yn wahanol.

Roedd Tomos wedi cadw'r bwrdd yn y bwyty fel arfer, ac wedi gwario'r arian yr oedd wedi'i hel ar gyfer anrhegion i'w wraig ar deledu i'w fflat newydd, sgrin 50 modfedd. Byddai'n cerdded i'r Bella Italia (doedd Sioned ddim yn hoffi cerdded – rhywbeth i'w wneud gyda sodlau uchel, rhywbeth doedd dynion ddim yn ei ddeall) a byddai'n archebu'r sbageti carbonara. Heb lygaid Sioned yn ffieiddio at ei archwaeth, byddai'n bochio'r cwbl heb boeni am gael saws ar ei ên. Yna, ar ôl peint a tiramisu, byddai'n cerdded adref gyda'r cwmni gorau erioed: ei gwmni ef ei hunan.

Cyhydnos y gwanwyn

Mawrth 2016

'Wi wedi prynu lamp ar gyfer y gaea. Dyw e ddim yn beth pert iawn – slabyn hir o blastig sy'n goleuo. Dim byd tebyg i'r rhai pert chi'n eu gweld yn Ikea neu Habitat. Fe gostiodd e ffortiwn i fi, ond roedd e'n gaddo'r byd. Golau'r haul. Golau dydd neu'r peth agosaf ato fe. Yr haf drwy gebl trydan.

Pan ddaeth e drwy'r post, fe es drwy'r ddefod o dynnu'r lamp mas o'r bocs a'i gosod hi ar fy nesg. Cyn ei rhoi hi mla'n, fe wnes i baned o de i fi fy hunan, a chyfnewid fy esgidiau am slipers cysurus. Troais y radio i orsaf glasurol er mwyn osgoi'r newyddion digalon, ac yna, ar ôl eistedd yng ngorsedd fy nghadair ledr, troais y lamp ymlaen a chau fy llygaid.

Ceisiais ddychmygu 'mod i'n eistedd yng ngwres haul y gwanwyn, ac nid o flaen lamp drydan ym mis Tachwedd.

Dyw e ddim yr un fath, wrth gwrs. Wnaiff e ddim lleddfu'r oriau duon maith, a dyw e ddim llawer o gysur pan fydd hi'n dywyll pan fydda i'n mynd i'r gwaith ac yn dal yn dywyll pan fydda i'n dod gartre. Fydd e ddim yn creu noswaith gynnes, garedig, nac yn rhoi paned i fi yn yr ardd yng ngoleuni olaf diwrnod mwyn. Wnaiff e ddim cynnau'r sbarc bach 'na tu mewn i fi sy'n dod ar ddechrau tymor newydd sbon.

Mae hi'n bryd rhoi'r lamp gadw yn yr atig gyda'r cotiau gaeaf a'r dwfe trwm. Ddoe, doedd dim rhaid i fi gynnau'r gwres canolog o gwbl, nid hyd yn oed gyda'r nos. Mae 'nghorff i'n moyn bwyta dail ffres yn lle cawl cysurlon. Dyw codi yn y bore ddim mor anodd, a daw rhyw egni newydd o rywle wrth weld golau diwrnod arall yn sleifio i mewn drwy'r crac yn y llenni.

Un bore, clywes yr adar mân yn trydar 'to, fel petaen nhw wedi dychwelyd yn un haid dros nos. Ymddangosodd blodau bychain drwy'r pridd, a'r pryfed bach a'r gwenyn yn eu mwynhau nhw. A 'wi'n cael diosg fy siwmperi gwlân, fy menig a fy nigalondid gyda phob munud o oleuni. Mae'r byd yn bert unwaith 'to, y glas yn lasach a'r gwyrdd yn wyrddach a'r ŵyn bach yn wyn fel goleuni. Ac fe gaf ddibynnu ar oriau hirion ein haf, ac anghofio'r lamp o addewidion gwag sy'n hel llwch yn yr atig.

Grawys

Mawrth 2014

Mars Bar. Snickers. Bounty. O! Bounty! Yr un mewn papur coch. Byddai Fiona'n arfer brathu'r siocled i ffwrdd yn gyntaf, yn darnio'r ymylon â'i dannedd gan adael ar ôl y canol – y darnau mân o gnau coco wedi'u glynu'n un lwmp gan siwgr. Mmm. Bounty. Syllodd Fiona'n chwantus ar y clytwaith o becynnau da-da a siocled yn yr archfarchnad, cyn gorfodi ei hun i gerdded i ffwrdd. Afalau, gellyg, bananas. Dim ond pythefnos oedd yna tan ddiwedd y Grawys. Roedd hi'n bwriadu mwynhau clamp o wy Pasg mawr wedyn.

Dim bod llawer o bwynt, meddyliodd wrth lwytho llysiau i'w throli. Trio colli pwysau i ddenu llygaid Gerallt roedd hi, a doedd hwnnw ddim fel petai o wedi sylwi bod wyneb Fiona wedi mynd yn feinach na bod ei phen ôl bellach dipyn yn llai. Roedd angen mwy na cholli hanner stôn i ddenu'r llygaid lliw Dairy Milk yna, beryg.

'Fiona?'

Fel petai o wedi clywed ei enw ei hun yn ei meddwl, dyna fo – Gerallt, yn ei oferôls gwaith, ac olew yn duo rhimyn ei ewinedd. Llyncodd Fiona droeon cyn gwenu. 'Hia, Ger.'

'Ew. Ma dy droli di'n edrach fatha gardd.'

Gwenodd Fiona, a chrwydrodd ei llygaid at y fasged yn llaw Gerallt. Gwridodd yntau. 'Paid â sbio, ma gin i gwilydd.'

Mars Bar. Snickers. Dim Bounty, ond pecyn mawr o Walkers Cheese and Onion, bara gwyn, menyn, sos coch.

'Pydru fydd hanner y deiliach 'ma sy gin i, sti,' cyfaddefodd Fiona. 'Be dwi isio ydi platiad o jips a clamp o bwdin ar 'i ddiwadd o.'

Edrychodd Gerallt ar ei draed, a cheisio clirio'i lwnc. Teimlodd Fiona ei hun yn poethi, yn gwybod ei fod o ar fin...

'Ma'r Fic yn dre yn gwneud cacan Death by Chocolate anhygoel. Dwi heb folchi ar ôl gwaith, ac ma 'na olwg y diawl a'na fi, ond...' Cododd ei lygaid tywyll at Fiona. 'Ti ffansi dŵad efo fi?'

Gwenodd Fiona ei hateb, ac ochneidiodd Gerallt yn uchel a'i lygaid lliw siocled yn gwenu.

Gadawyd y troli'n llawn llysiau a basged o fwyd brasterog ynghanol adran salad yr archfarchnad. Mewn tafarn yn y dref, torrwyd y Grawys. Dros Death by Chocolate, daeth y Pasg yn gynnar, a ganed rhywbeth newydd wrth i'r siwgr gwrdd â'r gwaed.

Sul y Mamau

Mawrth 2016

Mae'r ddynes yn y fflat i fyny'r grisiau yn gweiddi ar ei phlant – mae Ceri'n ei chlywed hi bob dydd bron, ei llais yn cyrraedd cresiendo gwichlyd o rwystredigaeth. Dydyn nhw ddim yn edrych fel petaen nhw'r math o deulu fyddai'n medru siarad mor ffiaidd efo'i gilydd, chwaith. Ond wedyn, efallai mai peth fel yna ydi bod yn fam: un wyneb i'r cyhoedd, ac un arall y tu ôl i ddrysau caeedig. Dydi Ceri ddim yn gwybod.

Ar y dydd Sul bydd hi'n clywed traed y plant yn taranu yn y fflat uwchben am chwarter i saith y bore, ac yna sŵn chwerthin a sgwrsio. Tybed beth gafodd y fam yn anrheg? Tusw o gennin Pedr? Bocs o siocledi? Llun o'i phlant mewn ffrâm? Oedd hi wedi cael brecwast yn y gwely, paned wan a thost wedi duo? Oedd y plant wedi dringo i mewn i'r gwely efo hi, cynhesrwydd eu cyrff yn llenwi'r cynfasau llydan?

Sut mae'n teimlo i greu pobol newydd?

Aiff Ceri'n ôl i gysgu am oriau, cyn codi'n araf a gwneud pot cyfan o goffi iddi hi ei hun. Mae James yn y gwaith, diolch byth. Mae o wedi bod yn ofalus iawn ohoni yn y dyddiau yn arwain at Sul y Mamau, ond mae ei lais tawel a'i garedigrwydd yn mynd ar ei nerfau, ac yn gwneud pethau'n waeth. Gwna iddi deimlo fel petai'n sâl, gan gryfhau'r ffieidd-dod sydd ganddi tuag at wendid ei chroth ei hun.

Ar y llwybr wrth yr afon, mae mamau a'u plant yn drwch, gan orfodi Ceri i'w hosgoi a cherdded ar y llain o laswellt gerllaw. Mae hi'n gwylio mamau canol oed yn chwerthin yng nghwmni meibion sy'n dalach na nhw, a phlant bach yn eistedd ar ysgwyddau eu rhieni. Gwêl gwpl ifanc yn cerdded law yn llaw, a babi bach newydd mewn sling ar frest ei fam.

Mae hi'n gwenu ar hen ŵr sy'n gwthio'i fam fusgrell mewn cadair olwyn.

Ar ôl cerdded, bydd Ceri'n edrych ar ei thudalen Facebook, ac yn gweld llun, ar ôl llun, ar ôl llun o famau hapus yn byw bywydau perffaith, anrhegion drudfawr a phrydau bwyd blasus.

Bydd Ceri yn ei fflat foethus, yn teimlo nad cael plentyn yn unig sy'n creu mamolaeth, ond bod yn rhan o glwb hunanfodlon, perffaith – clwb lle nad oes croeso i ferched fel hi.

Ar ôl y Pasg

Mawrth 2016

Dydi Sylvie ddim yn licio'r teimlad trwm ar ôl y Pasg, yr ŵyl o orfoledd a digalondid, y stori chwerwfelys am farwolaeth aflan ac atgyfodiad bendithiol. Mae o'n rhan o anesmwythyd troi'r clociau, y ddau beth yn cyfuno i greu ansicrwydd blynyddol Sylvie. Dydi hi ddim yn grefyddol – pwy sydd y dyddia 'ma? – ond mae'r ysgol Sul wedi gadael ei hoel ar ei meddwl, a hen straeon hynafol yn mynnu dal gafael yn ei hunaniaeth pan fydd hi'n Ddolig neu'n Basg.

Ddydd Gwener y Groglith, bydd teimlad du yn ei pherfedd rhwng hanner dydd a thri o'r gloch, waeth lle bydd hi. Eleni, roedd hi yn B&Q yn dewis paent gwyn i'r stafell molchi, a'r teimlad anghysurus yn pigo yn ei meddwl. Wnaeth hi ddim sylweddoli tan wedyn beth oedd yn ei phoeni – mai cario'i chroes ei hun roedd hi, heb iddi ystyried y peth, a'i meddwl yn mynnu dioddef efo'r Iesu ar y groes.

Ac yna, erbyn dathlu'r atgyfodiad a chael cracio i mewn

i haen siocled denau'r wy, roedd y clociau wedi cael eu troi a chloc pwerus ei chorff hanner ffordd rhwng anhrefn a gorflinder. Roedd awr yn llai o gwsg yn ddigon drwg, ond nid hynny oedd yn poeni Sylvie. Doedd yr hen newid yma ddim yn naturiol, ddim yn rhan o batrwm tymhorau'r ddaear.

Eleni, roedd hi am drio trechu'r grefydd oedd wedi'i phlannu'n ddwfn yn ei hisymwybod, ac am drio anwybyddu'r newid awr gystal ag y gallai. Peidio meddwl am y peth. Peidio gadael iddi hi ei hun boeni. Darllen Richard Dawkins ar ddydd Sul y Pasg, ac osgoi'r *hot cross buns* a'r rhaglenni mawl ar y radio. Gwyliau oedd y Pasg, penderfynodd Sylvie, fel unrhyw wyliau eraill – doedd hi ddim am ystyried cusan Jiwdas, na'r beddi gweigion, nac oriau coll.

Ond yn yr awr ychwanegol yna o oleuni ar noson Sul y Pasg, allan yn yr ardd yn mwynhau paned o goffi ac yn mwynhau'r golau olaf ar y blodau bach newydd sbon, dihangodd y geiriau 'Iesu, mae o'n dlws' o enau blinedig Sylvie. Ac roedd popeth yn teimlo'n iawn, wedyn – coelio neu beidio, roedd pawb yn cario croes, a rhyw atgyfodiad hyfryd yn digwydd bob tro yn ystod y Pasg, yng ngolau ychwanegol y dyddiau hael.

Y Swiddin

Gorffennaf 2016

Doedd Kate heb weld Elgan ers i'r arholiadau orffen. Bu'n cadw llygad amdano o gwmpas y dref: yn y criw o fechgyn oedd wrth yr afon ar bnawniau braf; yn y King's Head ar benwythnosau; ar y bws oedd yn mynd i Fangor. Roedd pythefnos bellach ers iddi ei weld, ond meddyliai amdano ddydd a nos.

Bu'n eistedd ychydig resi o'i blaen yn yr arholiad olaf, ychydig i'r chwith. Bob hyn a hyn, byddai Kate yn codi'i phen o'i phapur mathemateg, ac yn gwastraffu eiliadau prin yn edrych ar gefn pen Elgan, ei wallt blêr wedi'i oleuo ar ôl oriau o eistedd yn yr haul. Pan ddywedodd Mr Jones, 'Dyna ddigon – beiros i lawr, os gwelwch yn dda...', roedd Elgan wedi ymestyn ei freichiau am y nenfwd i ystwytho'i gyhyrau, ac yna wedi troi at un o'i ffrindiau a gwên fuddugoliaethus ar ei wyneb.

Doedd hi ddim wedi disgwyl ei weld o yma, chwaith.

Ar ei ben ei hun ar lwybr y chwarel roedd o, yn syllu i lawr ar y llyn lliw cleisiau. Trodd Elgan wrth glywed sŵn ei thraed yn crensian ar y llechi mân, a theimlodd Kate ei chalon yn tywynnu wrth iddo wenu arni.

'Iawn, Kate?'

'Yndw. Ti?'

Anwybyddodd Elgan y cwestiwn, a llonyddodd Kate yn ei ymyl. Roedd o'n gwisgo jîns a chrys-t llwyd, er ei bod hi'n gallu bod yn fain, hyd yn oed yr adeg yma o'r flwyddyn.

'Wsti pa ddiwrnod ydi hi heddiw, Kate?'

'Dy ben-blwydd di?' gofynnodd hithau, er ei bod hi'n gwybod yn iawn mai ar Dachwedd y deunawfed y cawsai ei eni.

Ysgydwodd ei ben. 'Pymthegfed o Orffennaf ydi hi. Y Swiddin.'

'Dwi ddim yn dallt.'

'Ma nhw'n deud y bydd tywydd heddiw yn para am ddeugain niwrnod.' Fflachiodd Elgan wên arall, fel petai ganddo gywilydd iddo roddi manylyn mor ofergoelus, mor hen ffasiwn.

'Mae'n braf, yn tydi? Felly bydd hi'n braf drwy'r ha?' mentrodd Kate.

'Bydd.'

Gwenodd y ddau ar ei gilydd.

'Meddylia. Mewn deugain niwrnod, mi fydda i'n pacio i fynd i Aber, a chditha ar dy ffor i...'

'Efrog,' atebodd Kate. 'Os gwna i basio.'

Wfftiodd Elgan. Edrychodd ar ei draed mewn ystum oedd yn anarferol o hunanymwybodol. 'Ti'n ffansi dod am dro?'

'Ia, iawn,' atebodd Kate, gan lyncu'r sgrech o lawenydd i lawr i'w pherfedd. Caeodd y sip ar ei hwdi, ond waeth pa mor fain y byddai'r awel, byddai'r deugain niwrnod nesaf yn haf caredig i Kate ac Elgan.

Y gyhydnos

Medi 2014

Dechreuodd Sophie wylo un noson, wrth eistedd o flaen y teledu ar ôl swper.

Dagrau bychain i ddechrau, yn llifo'n dawel i lawr ei gruddiau gan greu mapiau yn ei cholur. Yna'n raddol, aeth ei hanadl yn drwm ac yn herciog, a'r dagrau'n dew. Ceisiodd roi'r gorau iddi, a chofio bod merched tair ar ddeg fel hi i fod yn ddewr, ond gwnâi hynny bethau'n waeth, rhywsut.

Eisteddai ei thad-cu ar y soffa yng nghornel y lolfa, ei lygaid yn dal yn dynn ar y sgrin, fel pe na bai unrhyw beth anghyffredin wedi digwydd o gwbl. Diolchodd Sophie fod ei thad wedi mynd i redeg a'i mam allan yn y gwaith. Byddai'r ddau yn siŵr o wneud ffys.

'Wedd dy fam-gu 'run fath â ti.'

Syllodd Sophie ar ei thad-cu. Roedd o'n dal i edrych ar y teledu.

'Beth y'ch chi'n feddwl?'

'A dy fam, pe bydde hi ond yn cofio. Dim ond merched y teulu, cofia di. So i'n gwybod pam. 'Wi ddim wedi gweithio hynny mas 'to.' O'r diwedd, trodd ei lygaid at ei wyres. 'Ta beth, be sy'n bod, bach?'

Ysgydwodd Sophie ei phen. 'Y newyddion. Yr holl ryfeloedd a phobol yn casáu ei gilydd yn y byd. A'r holl heintie, yr hen bobol yn marw, a phlant heb unrhyw un i edrych ar 'u hole nhw.' Sychodd Sophie ei dagrau â chefn ei llaw. ''Wi'n poeni beth sy'n mynd i ddigwydd.'

Er iddi ddisgwyl y byddai ei thad-cu yn ei chysuro ac yn ceisio gwneud iddi deimlo'n well, roedd Sophie'n falch nad dyna wnaeth o. 'A finne. A finne. Ma ddi'n gythreulig o wael, on'd yw hi?'

Cododd Sophie ac aeth i eistedd wrth ymyl ei thad-cu. 'Falle 'i bod hi'n syniad gwael 'mod i'n gwylio'r newyddion o gwbl.'

'Y gyhydnos sy'n dy ga'l di, bach. Byddi di'n well cyn bo hir.'

'Beth yw'r gyhydnos?'

'Tua'r amser 'ma, mae'r dydd yn agosáu pan fydd union ddeuddeg awr o olau a deuddeg awr o dywyllwch mewn diwrnod. Ac ar ôl 'ny, bydd mwy o dywyllwch yn ein dyddie ni, tan y flwyddyn nesa.' Estynnodd ei thad-cu am ei baned a chymryd llwnc o de. 'Mae merched yn ein teulu ni wastod yn twmlo rhyw ddüwch adeg hyn o'r flwyddyn. Paid â phoeni, bach. Dyna yw ffordd dy feddwl di o ffarwelio 'da'r haf.'

Nodiodd Sophie, a gwenu'n wan ar ei thad-cu gan deimlo pwysau'r chwe mis o dywyllwch byddai'n rhaid iddi ei wynebu yn drwm ar ei hysgwyddau ifanc.

'Gwyliau'r haf' gan Rhys, 8 oed

Gorffennaf 2014

Dwi'n edrych ymlaen at wyliau'r haf eleni achos Dad fydd yn mynd â ni ar ein gwyliau. Mae o'n dweud y bydd o'n clirio'r holl dŵls o gefn ei fan waith yn gynta. Yna, bydd yn rhoi blancedi ar lawr y fan a byddwn ni'n cael cysgu arnyn nhw. Mae o'n dweud y gwnaiff o fynd â ni i faes parcio ar lan y môr yn Sir Fôn neu Ben Llŷn. Yno byddwn ni'n medru cael picnic a deffro'n gynnar i chwarae yn y tywod a hel crancod. Bydd o'n gadael i ni yfed Coke a bwyta fferins yn hwyr y nos, am mai gwyliau fydd o. Tydi rheolau arferol ddim yn cyfri adeg gwyliau.

Am weddill y gwyliau, bydd Jac a finna'n gorfod mynd i dŷ Nain i gael ein gwarchod, achos mae Mam a Dad yn gorfod gweithio. Dydw i ddim yn edrych ymlaen gymaint at hynny achos bod coesau Nain yn brifo. Tydi hi ddim yn medru chwarae, na gyrru, na mynd allan o'r tŷ. Mae tŷ Nain yn ogleuo fel llwch a *corned beef*. Pan fydd Jac yn crio, fi fydd yn gorfod edrych ar ei ôl o. Mae o'n rhy fach i newid y DVDs yn y peiriant. Bechod.

Ond gyda'r nos, pan fydd Mam yn dod yn ôl o'r gwaith, bydd hi'n gwneud pob dim yn arbennig i ni. Bydd petha'n hollol wahanol am ei bod hi'n wyliau haf. Bydd hi'n gwneud den yn yr ystafell fyw, ac yn defnyddio blancedi i wneud rhyw fath o babell. Mi fyddwn ni'n cael cysgu yno a smalio'n bod ni'n gwersylla allan yn y jyngl. Mae hi mor glyd o dan y blancedi, er 'mod i'n anghofio weithia mai chwarae ydan ni, ac yn meddwl am yr holl deigrod a chrocodeils sydd y tu allan yn y jyngl. Yn hwyr y nos, pan fydda i ar fin cysgu, bydd Mam yn sibrwd, 'Pan fydd gin i bres, mi a' i â ni i gyd i'r jyngl go iawn.' Ond does fawr o ots gin i, am fod smalio gystal â'r peth go iawn, bron â bod.

Pan fydda i'n sôn bod ffrindia ysgol fel Dewi'n cael mynd i Sbaen, a Glesni'n cael mynd i Center Parcs, bydd Mam yn gwenu mewn ffordd drist. Pan fydd hi'n braf iawn y tu allan, bydd Mam yn troi ei hwyneb tuag at yr haul, a dwi'n meddwl gymaint fasa hi'n licio gwyliau mewn gwlad bell, a gorwedd yn yr haul.

Dyddiau'r cŵn

Gorffennaf 2015
Dyddiau poethaf a mwyaf llaith yr haf yw dyddiau'r cŵn. Ceir dyddiau'r cŵn ym misoedd Gorffennaf ac Awst yn hemisffer y gogledd.

Bu'r ddau yn pasio'i gilydd ar y traeth am rai dyddiau cyn torri gair – wastad ar yr un pryd, fel y byddai'r haul yn diflannu'n rhimyn ar y gorwel. Un digon swil yw Colin, un sydd yn osgoi llygaid dieithriaid pan fydd yn mynd am dro. Ond nid felly Menna. Bydd hi'n chwilio am wên bob amser, yn awyddus i rannu cynhesrwydd bach diniwed gyda dieithriaid.

Y diwrnod cyntaf wrth i'r ddau basio'i gilydd, gwenodd Menna ar Colin. Ar yr ail ddiwrnod, gwenodd Colin yn ôl arni. Ar y pedwerydd, y pumed a'r chweched diwrnod, ffeiriodd y ddau 'helô' swil. Er ei bod hi'n oer ar y seithfed dydd, roedd y ddau allan unwaith eto, wedi dod i dreulio'r eiliad fer honno yng nghwmni ei gilydd, ond heb wybod hyd yn oed enwau ei gilydd hyd yn hyn.

177

Nid cerdded roedd Colin heno, ond eistedd yn gwylio'r llanw ar y grisiau sy'n arwain i lawr i'r traeth. Teimlai Menna'i chalon yn ei llwnc wrth iddi agosáu a'i weld o'n eistedd yno – y dieithryn swil â'r llygaid tywyll. Fedrai hi ddim pasio – roedd o'n gyfle rhy dda i'w golli. Felly, eisteddodd wrth ei ymyl, heb ddweud gair.

'Dwi wrth fy modd efo'r adeg yma o'r flwyddyn,' meddai Colin ar ôl saib hir. Synnodd, o'i glywed yn siarad, nad oedd ei lais yn grynedig nac yn swil – roedd o'n swnio fel pe bai o'n gyfarwydd â chael sgyrsiau â merched dieithr. Doedd dim arwydd o gwbl bod ei feddwl wedi bod yn llawn o'i gwên hi ers wythnos gyfan.

'Dyddiau'r cŵn,' atebodd Menna.

Edrychodd Colin arni mewn dryswch, a sylweddoli mor dlws oedd hi, ac mor berffaith oedd y golau egwan o'i chwmpas.

'O ddechra Gorffennaf hyd at y degfed o Awst. Dyddiau'r cŵn maen nhw'n galw'r cyfnod yma, sti. Fy hoff adeg o'r flwyddyn.'

'Pam dyddiau'r cŵn?'

'Achos mai seren y ci – Sirius – ydi'r seren ddisgleiria yn yr awyr.' Llyncodd Menna'i hofn cyn agor ei cheg unwaith eto. 'Os arhoswn ni yma am dipyn, mi gawn ni weld y seren.'

Gwenodd a gwirionodd Colin. 'Iawn. Arhosa i efo chdi i weld seren y ci.'

A dyna lle'r arhosodd y ddau ar noson garedig o haf, y sêr yn araf ymddangos uwch eu pennau, a dyddiau'r cŵn yn llawn gobaith ac addewidion.

Su' mae, Shw' mae

Hydref 2016

Ar 15 Hydref 2012 dechreuwyd ar yr ymdrech i hybu pawb i agor pob sgwrs yn y Gymraeg gyda'r cyfarchiad 'Shw' mae'.

'Dechreuwch bob sgwrs yn Gymraeg.'

Ei weld o ar ryw hysbyseb wnes i, wrth i mi aros am y bws i'r gwaith yn y bore. Do'n i ddim yn yr hwylia gora – wel, ro'n i ar y ffor i'r gwaith, do'n, a do'dd hynny fawr o help.

Betia i fod rhyw bwyllgor o ddynion canol oed wedi cael celc o bres am iddyn nhw feddwl am y syniad – Dechreuwch bob sgwrs yn Gymraeg. Ia, meddyliais, gan g'nesu at y syniad, mi fetia i eu bod nhw mewn rhyw offis braf ym Mae Caerdydd. Pob un o'r uffars lwcus efo lle parcio personol i'w BMWs. Neu yn waeth byth, yng Nghaernarfon. Ia, Caernarfon. Digon hawdd plagio gweddill Cymru i siarad Cymraeg pan ma rhywun yn byw yn rhywle lle ma pawb, o'r hen bobol barchus i'r plant bach drwg, yn siarad Cymraeg. Dim jyst yn siarad Cymraeg, yn ffraeo, yn chwerthin ac yn rhegi yn Gymraeg.

Iawn 'ta, meddyliais wrth i'r bws gyrraedd, mi ga i go. *Dechreuwch bob sgwrs yn Gymraeg.* Gawn ni weld pa mor hawdd ydi hyn tu allan i'ch bybl Caernarfon chi.

'Tocyn un ffordd i'r dre, plis.' Dwi'n gwybod mai 'os gwelwch yn dda' ddylwn i fod wedi deud, ond do'n i ddim isio swnio fel athro. Mi edrychodd y gyrrwr bws arna i am 'chydig eiliadau, cyn codi'i ysgwyddau mewn ystum 'dwi'm yn dallt'. Gofynnais unwaith eto'n Saesneg, a chael tocyn yn syth bìn.

'Ga i ista fa'ma, plis?'

Edrychodd yr hen ddynes i fyny arna i fel taswn i'n bygwth dwyn ei handbag, a chlosiodd yn agosach at y ffenest cyn sbio i ffwrdd. Dwn i ddim oedd hi'n dallt Cymraeg, ond doedd 'na ddim iaith rhyngon ni am weddill y daith.

Yr hogia yn y gwaith; y dyn werthodd frechdan i mi i ginio; y ddynes yn y banc. Ges i 'You what?' ac 'I don't understand' ac 'Eh?!' Roedd unrhyw Gymraeg ysgol fu gan y rhain wedi pylu ac wedi gadael yn ei le ofn i siarad yr iaith.

Roedd hogan ddel yn gweithio yn y caffi, ac roedd hynna'n dipyn o ryddhad. Saesnes oedd hi, wrth gwrs – ro'n i'n cael rhyw fath o hanner sgwrs efo hi bob dydd, am y tywydd neu'r rygbi. Ond ro'n i wedi gaddo i mi fy hun... pob sgwrs...

'Su' mae. Ga i baned o de, plis?'

Edrychodd i fyny arna i, ei llygaid yn ddisglair, a gwên lydan ar ei hwyneb. 'O'n i'm yn gwybod bo' chdi'n siarad Cymraeg!'

Tân yn Llŷn

Medi 2016

Bu 80 mlynedd ers llosgi'r ysgol fomio ym Mhenyberth.

Mae'n adeg coelcerth. Cael gwared ar wastraff yr ardd, cydnabod diwedd yr haf gan bentyrru hen frigau a dail. Taniodd John y mymryn o wellt oedd o dan y goelcerth, a phiciad i'r tŷ i wneud paned. Erbyn iddo ddod allan yn ôl, roedd y tân yn mygu, yn gwneud ei orau i ddal ei afael.

Rhyfedd fel mae tân mor anwadal, meddyliodd wrth sefyll yn cynhesu ei ddwylo ar ei fŷg te. Weithiau, byddai'n cymryd hydoedd i'w gynnau – y dail yn llaith, efallai, neu ddim digon o awel i'r fflamau gael cyfle i dyfu. Dro arall, byddai'r priciau'n sych grimp, a gwynt mwyn mis Medi yn ddigon i wyntyllu'r tân ond ddim yn ddigon i'w ddiffodd. Roedd yn rhaid i'r amgylchiadau fod yn berffaith, neu byddai'r fflamau'n gwrthod gafael.

Hydref oedd hoff dymor John. Nid am y rhesymau rhamantus, bod lliwiau'r dail crin mor hyfryd, na bod gogoniant pob machlud yn amryliw, ond oherwydd y llonydd a ddeuai wrth i'r tywydd droi. Byddai'r ymwelwyr yn troi eu cefnau ar arfordir Llŷn wrth i'r awel finiogi, gan wibio'n ôl i gysur Manceinion, Birmingham neu Lerpwl yn eu BMWs neu eu Range Rovers. Ysai John am yr adeg honno, er y byddai hi'n rhy gynnar i'w galw hi'n hydref. Gobeithiai y byddai coelcerth yng nghornel ei ardd yn denu'r tywydd mawr, er mwyn iddo fedru cael llonydd i fwynhau ei fro ei hun am ychydig fisoedd.

Prociodd John y goelcerth â choedyn hir, a chyrliodd un rhuban o fwg tua'r nefoedd.

Ceisiodd gofio'r cyfnod pan gytunwyd y câi Cymru fyw, dim ond iddi ildio'i thir i'r ymwelwyr pan fyddai'r wlad ar ei gorau. Ildio strydoedd cyfan er mwyn darparu tai haf, ildio'r iaith a'r diwylliant er mwyn gwneud yn siŵr eu bod yn groesawgar. Byddai llefydd bach dibwys, amhersonol yn teimlo'n sanctaidd wedi iddyn nhw fynd – pan newidiwyd y siop bapur yn ddeli crand, a phan gafodd y Llew Gwyn ei droi yn Lighthouse. Hiraethai John yn fwy am y llefydd hynny nag am unrhyw gapel.

Doedd John ddim yn casáu y bobol ddŵad. Ond byddai'n ei gasáu ei hun, weithiau, oherwydd y cnewyllyn o falchder a fynnai ddod i'w galon, o wybod bod y bobol fawr eisiau dod i'w ardal o.

Edrychodd John draw at y goelcerth. Doedd hi ddim wedi gafael. Mae'n rhaid nad oedd yr amgylchiadau'n iawn hyd yn hyn ar gyfer cynnau tân.

Dail

Tachwedd 2016

Mae'r oerfel yn galw.

Dydi Eifion ddim yn ddyn sy'n cerdded yn aml, ond weithiau bydd o'n deffro gyda rhyw anniddigrwydd yn ei gyhyrau a'i ysgyfaint yn erfyn am awyr iach. Fel arfer, dim ond am ryw un diwrnod ar y tro y bydd y teimlad yma'n cael gafael arno, ond weithiau bydd yn digwydd bob dydd am wythnosau, misoedd.

Dydi Eifion ddim y math o ddyn a fydd yn chwilio am resymau seicolegol dros hyn. Mae ei gorff angen cerdded, ac felly bydd o'n cerdded. Does dim rhaid i bethau fod yn fwy cymhleth na hynny.

Mae heddiw'n ddiwrnod bendigedig ac Eifion wedi gwisgo'i gôt a'i drowsus glaw, rhag ofn, er mai rhai gwynion, caredig yw'r cymylau boliog. Cerdda i lawr drwy'r ystad at y bont fach dros y lôn ddeuol. Gwibia'r ceir dan ei draed. Yna, croesa draciau'r trên, a cherdded i lawr y pafin llwyd tuag at y parc.

Mae'r coed yn llyncu holl sŵn y byd.

Bu Eifion yn effro tan yn hwyr neithiwr, ei feddwl fel trên. Poenai am yr holl bethau y gwyddai, yng ngolau dydd, nad oes unrhyw bwynt pryderu amdanyn nhw – Aleppo, digartrefedd, plant bach heb fwyd, hiliaeth, tlodi, arfau niwclear, y *Daily Mail*, yr hen ddyn i fyny'r lôn oedd yn rhy hen i fyw ar ei ben ei hun. Yna, ei iechyd ei hun – ei bwysau, ei ffitrwydd, ei duedd i yfed gormod o lager ar benwythnosau.

Llynca'r coed ei holl bryderon.

Wrth gerdded ar hyd y llwybr cul, rhyfedda Eifion at y

lliwiau tân mae ffarwél olaf y dail yn eu creu. Mae'n gwybod, petai o'n tynnu llun efo'i ffôn, na fyddai o'n edrych yr un fath ar sgrin – byddai lliwiau'r hydref yn edrych yn bowld, yn ddigywilydd. Dim ond wrth fod yma a gweld pob arlliw o oren a melyn y gall rhywun deimlo'r hydref go iawn.

Penderfyna Eifion mai'r hydref yw ei hoff dymor, gan mai dyma dymor y ffarwelio. Daw rhywbeth newydd ar ôl y dail hyn, ac mae hynny'n ddigon. Mae byd arall yn bodoli y tu hwnt i sgriniau teledu a ffonau bach, y tu hwnt i eiriau miniog ar dudalennau blaen y papurau newydd. Byd y dail a'r awel a rhythmau hyfryd y tymhorau. Mae bro Eifion ymhell, bell o San Steffan, ymhell o America, ymhell o bob man nad yw o fewn cyrraedd.

Tân gwyllt

Tachwedd 2014

Dyna oedd y tro cyntaf i Rhian wneud Guto Ffowc.

Roedd o'n arferiad gan lawer o deuluoedd y pentref i hel yr hen ddillad oedd yn rhy dyllog neu flêr i fynd i'r siop elusen, a llenwi'r dillad â hen garpiau yn lle cnawd. Pêl *papier mâché* yn ben, ac wyneb wedi'i beintio a hwnnw'n crechwenu. Erbyn noson tân gwyllt, byddai'r goelcerth ar gae'r pentre yn drwm o ddynion blêr yn aros i gael eu hamlosgi.

Doedd dim dillad blêr gan Rhian ac felly agorodd un o'r cypyrddau mawr yn ei hystafell wely ac ystyried beth fyddai orau. Roedd y siwt a grogai mewn côt blastig ar ôl bod at Mr Kleen The Dry Kleenerz yn y dref yn ddewis amlwg. Tynnodd Rhian y plastig a bodio'r brethyn moethus. Hoff siwt Gwyn.

Perffaith.

Ar ôl dechrau, roedd hi'n hawdd. Y crysau drud, yr union rai roedd hi ei hun wedi'u smwddio cyn eu crogi ar hangyrs yn y cwpwrdd – aeth y rheiny i lenwi coesau'r siwt. Yn lle bol a brest, defnyddiwyd y gôt y byddai Gwyn yn ei gwisgo i fynd i briodasau neu angladdau neu, meddyliodd Rhian, cyfuniad o'r ddau. Angladd i'w phriodas oedd y goelcerth hon. Yn y llewys, gwthiodd y pyjamas drud a'r trôns oedd wastad wedi edrych yn rhy dynn ar ei gŵr blonegog.

I lenwi'r corff, stwffiodd Rhian y siwmper las i lawr lle dylai'r galon fod. Y siwmper las hon a ddechreuodd yr holl wenwyn i gyd, wrth iddi ddrewi o chwys a phersawr rhosod.

Bu Rhian yn pendroni beth i'w ddefnyddio fel pen am amser hir, cyn iddi gofio am y bêl mewn cabinet arbennig yn y lolfa. Wedi iddi ei nôl a'i gosod yn ei lle, roedd yn berffaith. Wedi i Rhian beintio wyneb hyll Guto dros y lledr, prin y gallai rhywun weld llofnodion chwaraewyr tîm pêl-droed Manchester United 1996 arni o gwbl.

Ar noson Guto Ffowc, safai Rhian ymysg y bobol, cwpan polystyren o gawl yn ei llaw a gwên fuddugoliaethus ar ei hwyneb. Trodd bawb i wylio'r tân gwyllt, ond nid Rhian. Gwylio ei Guto hi roedd Rhian, y siwt yn troi'n ddim o dan dafodau'r tân, a lledr y bêl yn toddi'n golsyn. Roedd ei thân gwyllt hi y tu mewn iddi, yn fwy llachar, yn fwy swnllyd, ac yn llawer, llawer mwy peryglus na'r rocedi a daniai i awyr y nos.

Sioe Nadolig

Rhagfyr 2016

Does dim ots gin i fod yn ddafad, beth bynnag. Pwy sydd isio bod yn Mair? Efo'r holl eiria 'na i'w dysgu a gorfod sticio jympyr i fyny ei ffrog nefi blw er mwyn smalio'i bod hi'n disgwyl babi. Wedyn rhaid magu doli Baby Born fach hyll a'i galw hi'n Iesu. Dwi ddim yn meindio o gwbl mai Anni Fflur gafodd 'i dewis i actio Mair.

Y peth arall ydi, taswn i'n Mair, dwi'n meddwl 'swn i'n flin. Yn arbennig efo'r busnas presanta 'na. Ma Miss Owen wedi deud mai aur, thus a myrr gafodd y baban Iesu gan y doethion. Ond be ma babi bach i fod i'w wneud efo jiwyls a stwff ogla da? Mi fasa wedi bod yn rheitiach iddyn nhw ddod â chlytia, pecyn o ddymis a chrud call yn lle bod Iesu druan yn gorfod cysgu yng nghafn bwyd y gwartheg. Dwi'n meddwl 'sa hi 'di bod yn glên iddyn nhw ddŵad â rhywbeth i Mair hefyd. Mi gafodd Mam bybl bath a bocs o joclets ar ôl i Bobi gael ei eni, am mai hi oedd wedi gwneud y gwaith caled i gyd.

Dwi'n gorfod gwisgo *fleece* gwyn er mwyn edrych fel dafad, ond dwi ddim yn cael deud 'MEEEEE' yn uchel ar ôl i'r angel ddeud 'Paid ag ofni, Mair' fel gwnes i neithiwr, er bod pawb wedi chwerthin. Roedd Miss Owen yn edrych yn reit flin ar ôl hynna.

Ond mi faswn i wedi licio bod yn angel, hefyd. Ma'r angylion yn cael gwisgo ffrogia gwyn del a chylch mawr o ffoil am eu penna. A ma gynnon nhw adenydd. Taswn i'n angel, mi faswn i'n hedfan i Tesco i brynu tecall, te, cystard crîms a nionod picl i Mair. Dyna be oedd Mam yn 'i fyta pan o'dd hi'n disgwyl Bobi. Mi faswn i'n deud, 'Paid ag ofni, Mair.

Gin ti ddigon o gystard crîms yn fa'ma i gadw chdi fynd am naw mis, yli.'

Pan ddaeth Mam i'r sioe, bues i'n ei gwylio hi a Bobi'n gwylio'r sioe. Ma hi'n dal yn dew ar ôl cael Bobi, a dydi hi ddim yn cael gwneud ei gwallt fel roedd hi'n arfer gwneud stalwm. Ond ma hi'n gwisgo côt yr un lliw nefi blw â Mair a 'run ffrog. Ma Bobi 'run sbit â Iesu Grist yn ei *onesie* bach efo dymi yn ei geg. Welish i 'rioed neb mor ddel yn 'y mywyd.

Lleu

Rhagfyr 2014

Yr enw Celtaidd ar dduw'r goleuni oedd Lleu, fel a geir yn y geiriau 'lleuad' a 'goleu' (golau).

Dwi'n gweld y cyfan o fy ffenest fach i, yn gweld y dref yn gwirioni.

Wythnos dwytha, roedd 'na bobol o bob cwr wedi dod i'r dre i gael gweld y lorri Coca Cola. Rhieni'n sodro'u plant swrth o flaen yr horwth peth, ac yn gweiddi 'Gwena!' cyn tynnu ffotograffau gwael ar eu ffonau bach. Bob dydd, mi fydda i'n eistedd wrth y ffenest dros baned deg a phaned pump, ac yn gweld y bobol yn llwytho'u ceir efo presanta a bwyd, rholiau papur lapio'n sefyll yn dalsyth a chwithig yn y bagiau plastig.

Weithiau, mi af inna i ymuno efo nhw a gwneud mymryn o siopa Dolig, prynu cardiau o'r siop elusen, neu weithiau mi fydda i'n gwneud esgus i adael y tŷ, dim ond er mwyn clywed sŵn y stryd adeg Dolig. Clywed caneuon gwael efo clychau yn lle drymiau, neu, os dwi'n lwcus, band pres yn chwarae carolau. Rydw i bron yn barod. Mae'r twrci yn y rhewgell, y sgewyll yn yr oergell a'r cracyrs yn y twll dan grisiau. Yr holl anrhegion wedi'u lapio ac wedi'u cuddio yn y groglofft.

Ac eto, dydi o ddim yn *iawn*.

Y lluniau bach o fabi mewn preseb, geiriau llawen y carolau crefyddol, a minnau'n pigo o euogrwydd am nad ydw i'n siŵr. Rydw i'n coelio yn y dathlu, yr anrhegion, y mins peis a'r sŵn chwerthin sy'n codi o'r stryd pan fo pobol yn meddwi ar *mulled wine* dros eu hawr ginio. Ond yng nghnewyllyn y peth? Na, fûm i ddim ar gyfyl y capel ers blynyddoedd.

Ac yna, dwi'n darllen am Lleu. Ychydig ddyddiau cyn y Dolig, mi fydd y dydd byrraf yn ein tywyllu, ac yna, yn araf iawn, bydd pethau'n goleuo. Yr haul yn dal ei afael ar ororau'r nen ryw fymryn yn hwy. Dyna oedd yr hen ddathliad – dathlu Lleu, duw'r Haul, y ffaith ei fod o wastad yn mynnu dychwelyd i dwchu'n dyddiau ni.

Felly, ar ôl y cinio Dolig, pan mae'r cracyrs wedi'n siomi ni efo'u hanrhegion tila eto fyth, mi goda i wydryn i Lleu, i'r mymryn lleia yn fwy o oleuni nag oedd yna'r diwrnod cynt. Ac mi goda i wydryn, hefyd, i bwy bynnag ddeudodd 'Bydded goleuni'.

Addewid o wanwyn arall, dyna i chi achos i'w ddathlu

Ffarwél i'r flwyddyn

Rhagfyr 2016

Dydi Non ddim yn credu mewn gwneud addunedau blwyddyn newydd. Maen nhw'n rhy hawdd i'w torri, a rhyw wefr arbennig yn dod o wneud rhywbeth mae'n gwybod ei fod yn ddrwg iddi – yfed gormod o win ar ôl gwaith, gormod o siocled a gormod o wario. Ac felly, wnaiff hi ddim gaddo iddi hi ei hun mai'r flwyddyn newydd fydd y flwyddyn y bydd hi'n ffitio i'w jîns seis 12 unwaith eto, nac addo rhedeg marathon, na mynd ar y beic i'r gwaith bob dydd. Mae hi'n ddigon hen i wybod bod addewidion yn bethau brau, delicet, ac eto mae'n rhy ifanc i beidio â rhoi mymryn o obaith mewn blwyddyn newydd.

Wrth godi llwch y flwyddyn cynt o ben fframiau'r drysau a thop y cypyrddau dillad, mae Non yn meddwl y bydd hi'n falch o weld diwedd ar 2016. Mae'n teimlo i hon fod yn flwyddyn lle roedd hi wastad yn y lleiafrif – yn erbyn Brexit ac yn erbyn Trump. Er ei bod hi wedi byw yn un o'r lleiafrif erioed gan mai'r Gymraeg yw ei hiaith, eleni bu'r teimlad yna'n drymach, yn dywyllach. Weithiau, bydd Non yn teimlo fel petai'n mygu yn y byd mawr dryslyd hwn.

I Non, unig swyddogaeth y flwyddyn newydd ydi rhoi cyfle iddi hi faddau. Maddau iddi hi ei hun am fod yn rhy ddiog, yn rhy farus, yn rhy bigog efo'r rhai mae'n eu caru. Maddau i eraill am roi X mewn blychau pleidleisio ffôl, angharedig a hiliol. Ond yn fwy na hynny, mae Non yn fodlon maddau i 2016 am ei diffyg brawdgarwch.

Drwy'r ffenest, mae'r haul yn machlud am y tro olaf eleni, lliw gwaedlif ar y nefoedd. Mae'r Nadolig bellach wedi'i bacio mewn bocsys ac wedi'i gadw yn yr atig, mae'r gegin a'r ystafell ymolchi'n lân, a'r tŷ yn arogli fel lemwn. Rhywle, mae rhywun yn tanio tân gwyllt yn obeithiol o gynnar. Mae 'na blant yn chwerthin a goleuadau Nadolig y tŷ dros y lôn yn wincio'n las ar Non drwy'r ffenest.

Heno, bydd Non yn mynd i'w gwely'n gynnar, fel arfer, rhwng cynfasau newydd sbon gyda nofel dydi hi ddim wedi'i darllen o'r blaen. Bydd hi'n cysgu pan ddaw hanner nos ac

'Auld Lang Syne', ond bydd rhywbeth yn wahanol yn y bore. Bydd yr hen flwyddyn ganddi o hyd, er ei bod bellach wedi darfod, a bydd y flwyddyn newydd heb ei chyffwrdd.

Am restr gyflawn o lyfrau'r Lolfa, mynnwch
gopi am ddim o'n catalog
neu hwyliwch i mewn i'n gwefan

www.ylolfa.com

lle gallwch archebu llyfrau ar-lein.

TALYBONT CEREDIGION CYMRU SY24 5HE
ebost ylolfa@ylolfa.com
gwefan www.ylolfa.com
ffôn 01970 832 304
ffacs 832 782